LEITURA EM LÍNGUA INGLESA

ADRIANA GRADE FIORI SOUZA | CONCEIÇÃO A. ABSY
GISELE CILLI DA COSTA | LEONILDE FAVORETO DE MELLO

LEITURA EM LÍNGUA INGLESA

UMA ABORDAGEM INSTRUMENTAL

2ª EDIÇÃO ATUALIZADA

10ª reimpressão

DISAL EDITORA

Assistente de produção: Noelza Patrícia Martins

Produção: Crayon Editorial
Capa e projeto gráfico: Alberto Mateus
Edição de arte e diagramação: Lais Soriano
Ilustrações: Carlos da Cunha

Dados Internacionais de Catalogação na Publicação (CIP)
(Câmara Brasileira do Livro, SP, Brasil)

Leitura em língua inglesa : uma abordagem instrumental / Adriana Grade Fiori Souza... [et al.]. – São Paulo : Disal, 2005.

2ª edição atualizada.

Outros autores: Conceição A. Absy, Gisele Cilli da Costa, Leonilde Favoreto de Mello.
Bibliografia.

ISBN 978-85-7844-062-6

1. Inglês – Estudo e ensino 2. Leitura I. Souza, Adriana Grade Fiori. II. Absy, Conceição A. III. Costa, Gisele Cilli da. IV. Mello, Leonilde Favoreto de.

05-5435 CDD-428.6

Índices para catálogo sistemático:
1. Inglês : Leitura : Técnicas : Linguística aplicada 428.6

DISAL EDITORA

Al. Mamoré, 911 - sala 107, Alphaville
06454-040, Barueri - SP
Tel./Fax: 55 11 4195-2811

Visite nosso site: www.disaleditora.com.br

VENDAS
Televendas: (11) 3226-3111
Fax gratuito: 0800 7707 105/106
E-mail para pedidos: comercialdisal@disal.com.br

SUMÁRIO

APRESENTAÇÃO

Em 1998 implantamos na Universidade Estadual de Londrina um projeto de extensão para pós-graduandos com o objetivo de desenvolver a habilidade de leitura em língua estrangeira através de estratégias e atividades que auxiliassem na compreensão e contribuíssem para a formação de leitores mais eficientes e autônomos. Ao longo desses onze anos foram oferecidos, entre outros, cursos de leitura em língua inglesa a fim de atender as especificidades dessa comunidade acadêmica. Esses cursos foram norteados pela abordagem instrumental, isto é, aquela que leva em conta as necessidades dos alunos como elemento essencial na determinação dos objetivos a atingir. Paralelamente, iniciamos a elaboração de nosso próprio material didático, o qual foi aplicado nos cursos de leitura ofertados pelo projeto e gradativamente reformulado. Tal material está apoiado em pesquisas que investigam o processo de leitura em língua estrangeira (v. bibliografia).

Tendo em vista que o objetivo do leitor é a (re)construção de significado e não a prática de estruturas da língua, a linguagem do texto passa a ser um meio para se alcançar tal fim, ou seja, a compreensão. Para chegar à compreensão, o leitor executa um processo ativo de construção de sentido, relacionando a informação nova obtida ao conhecimento adquirido ao longo de sua vida. É mediante a interação de diversos níveis de conhecimento, a saber: linguístico, textual, prévio, e estratégico, que o leitor consegue (re)construir o sentido do texto.

O conhecimento linguístico abrange o conhecimento do vocabulário, das relações sintáticas e do uso de determinada língua. Como exemplos de aspectos linguísticos enfocados neste material, pode-se citar, entre outros, o reconhecimento de cognatos, grupos nominais, comparativos e superlativos, afixos, referência pronominal, apostos e formas verbais.

O conhecimento textual refere-se ao conjunto de noções e conceitos sobre o texto. Sabe-se que a capacidade de compreensão é, em grande parte, determinada pela exposição a diferentes tipos de texto, fato que resulta em maior conhecimento das diversas estruturas textuais e tipos de discurso. Esse conhecimento, por sua vez, determina as expectativas do leitor em relação aos textos – expectativas que desempenham um papel importante na compreensão. Como exemplo de aspectos relativos à organização textual aqui explorados, está o reconhecimento de diferentes gêneros textuais, assim como o do layout, dos marcadores discursivos e das palavras-chave.

O conhecimento prévio diz respeito às redes de conhecimento que devem ser ativadas durante a leitura, as quais estão diretamente relacionadas à construção de significados e à interpretação do texto. Através de nossas leituras prévias (i.e., experiências anteriores), bem como de nosso conhecimento do assunto tratado, é possível estabelecer ligações e, assim, fazer as inferências necessárias para relacionar as diferentes partes do texto, percebendo-o como um todo coerente, e até mesmo lendo-o nas entrelinhas. O conhecimento prévio é tratado especificamente na unidade 4, mas sua utilização é incentivada ao longo de todo o material.

Por fim, o conhecimento estratégico envolve a utilização de estratégias de leitura para facilitar a construção de sentido do texto. Como exemplo de estratégias trabalhadas neste material, podem ser citadas: *skimming*, *scanning*, inferência contextual, informação não-verbal, e o uso do dicionário. Na verdade, todos os conhecimentos previamente citados podem, a nosso ver, ser entendidos como estratégias na medida em que possibilitam ao leitor realizar uma leitura mais direcionada e eficaz.

É importante enfatizar que entendemos a leitura não como uma experiência monológica, a qual favorece a crença de que há apenas uma leitura possível para o texto, mas como um processo passível de múltiplas interpretações, já que cada texto contém dentro dele vários outros textos, resultantes de uma série de sistemas de valores implícitos inerentes ao escritor e ao leitor. Partindo desse pressuposto, nosso material – aqui organizado em livro – foi elaborado com base em textos extraídos em sua grande maioria de *sites* da Internet, por fornecerem grande número de informações diretamente ligadas à realidade do leitor.

Nesta segunda edição, a organização das lições permanece inalterada: cada unidade constitui-se de três etapas, denominadas respectivamente: **familiarização com o texto; apresentação e prática de estratégia ou aspecto linguístico; consolidação**. A primeira etapa objetiva familiarizar o leitor com o assunto tratado, bem como propiciar sua interação com o mesmo a partir de atividades que visam a reconstrução do sentido do texto. A segunda etapa, por sua vez, tem por finalidade apresentar e praticar uma determinada estratégia ou aspecto linguístico relevante à compreensão do texto lido na primeira etapa. Finalmente, a terceira etapa busca consolidar estratégias e/ou aspectos linguísticos apresentados nas unidades anteriores.

O livro também traz os seguintes itens em anexo: um resumo das formas verbais da língua inglesa, com explicação e exemplos; um roteiro de leitura, para incentivar o uso sistemático de estratégias de leitura; um glossário de termos técnicos utilizados nas 21 unidades; e sugestões de respostas às atividades propostas. Vale mencionar que a decisão de incluir este último item teve por objetivo apenas apresentar nossas próprias leituras dos textos trabalhados e, em momento algum, passar uma imagem dos mesmos como sendo objetos acabados, cujos sentidos devam ser recuperados. Acreditamos que tanto o leitor quanto o texto são fundamentais na construção de significados durante o processo de leitura.

Ao longo desses cinco anos de utilização do material em diferentes contextos (eventos de extensão universitária, cursos de graduação, cursos de leitura instrumental em escolas de idiomas, aulas particulares) fizemos as seguintes alterações:

- renovamos os textos que compõem cada unidade. Por esta razão, as atividades relacionadas aos respectivos textos tiveram que ser modificadas;
- reformulamos alguns quadros e tabelas – com a inclusão de exemplos, visando à contextualização dos aspectos linguísticos sob enfoque;
- acrescentamos uma unidade intitulada ***O Gênero Acadêmico*** – assunto que não havia sido trabalhado na primeira edição, no sentido de atender a uma reivindicação de nossos alunos;
- incluímos o item ***Nota Ao Leitor***, nas sugestões de respostas apresentadas no final do livro, a fim de fornecer esclarecimentos adicionais sobre questões abordadas nos textos.

Para finalizar, gostaríamos de salientar que nossa intenção com esta publicação é contribuir com ideias e sugestões que venham beneficiar as pessoas envolvidas com o ensino e a aprendizagem de leitura em língua inglesa.

AS AUTORAS

1 RECONHECIMENTO DE GÊNEROS TEXTUAIS

A

CINNAMON APPLE MUFFINS

- 1 1/2 cups flour
- 3/4 cup sugar
- 1 1/2 tsp. baking powder
- 1 tsp. cinnamon
- 1/2 cup milk
- 1/3 cup butter, melted
- 1 egg, slightly beaten
- 1 cup finely chopped apples

Heat oven to 375°F.

Combine flour, sugar, baking powder and cinnamon in medium bowl. Add all remaining ingredients. Stir just until flour is moistened. Spoon batter into muffin liners.

Bake 18-23 minutes. Let stand 5 minutes.

(Disponível em: <http://www.cooks.com/rec/doc/0,1756,135177-240197,00.html>. Acesso em 15 agosto 2009.)

B

From: rd collins
Date: Tuesday, January 27, 2009 6:35 PM
To: Laura
Subject: Re: Hi!

Hi Laura,

It's so good to hear from you! I wish we could live in one place like you do! I'm getting very tired of moving all the time, but in another year Roger will retire and we'll hopefully stay in one place after that.

I'm glad to hear that life has gotten simpler and less stressful for you. We're looking forward to that day! Right now our teenage boys keep us very busy, but we are very much enjoying our time here in North Carolina. We live in a much smaller community and everyone is much more relaxed here than in the D.C. area.

Take care, and keep in touch!
Love,
Janet

Fonte: Acervo pessoal.

C

D

successful
adjective
1 achieving the desired results:
a successful operation
My second attempt at making flaky pastry was a bit more successful.
This year's harvest was one of the most successful since the record crop of 1985.
NOTE: The opposite is **unsuccessful**.

2 having achieved a lot, become popular and/or made a lot of money:
a successful career
She runs a very successful computer business.
He's the author of several hugely successful children's books (= books which have been bought by a lot of people).
The Birmingham Royal Ballet has had a highly successful season.
NOTE: The opposite is **unsuccessful**.

(Disponível em: <http://dictionary.cambridge.org/define.asp?key=79551&dict=CALD> Acesso em 24 agosto 2009.)

E

Inglês no mundo contemporâneo: ampliando oportunidades sociais por meio da educação"

LUIZ PAULO DA MOITA LOPES (UNIVERSIDADE FEDERAL DO RIO DE JANEIRO – CNPQ)

ABSTRACT: *In view of the role played by English as the language of empire of globalization in the present, I argue that it is paramount that learning English becomes one of the crucial concerns on the part of governmental and non-governmental agencies in order to foster social mobility. There is a need for investment in research and in projects in critical language education, in particular in English, at a time when discourse has become fundamental to live, to work and to learn in the highly semiotized societies in which we live. English can be used as common language through which we can read the world critically and participate in its construction.*

Introdução

Em um mundo cada vez mais dividido entre aqueles que têm acesso à informação e a conhecimento em escala mundial, e, portanto, a maiores oportunidades de aprender, e aqueles que vivem limitados a informações e conhecimentos locais, e, portanto, a menores chances de ampliar seus horizontes, a aprendizagem de inglês se transformou em um dos instrumentos centrais da educação contemporânea. É um dos bens simbólicos mais valorizados no Brasil e em grande parte do mundo, tendo em vista o papel que tal língua desempenha como meio de comunicação planetário. Com os avanços tecnológicos, alguns vivem mais e melhor, com mais chances de realização individual e social, com muitos estão, contudo, excluídos desses avanços devido a limitações econômicas. Exclusão é um sinônimo contemporâneo para pobreza em um mundo no qual as desigualdades aumentam vertiginosamente.

Adaptado de: Moita Lopes, Luiz Paulo da. (2005) "Inglês no mundo contemporâneo: ampliando oportunidades sociais por meio da educação" Palestra proferida em maio de 2005 no TESOL International Research Foundation (TIRF). Manuscrito, pp. 1-8)

F

G

POST GRAD

- Opened August 21, 2009 | Runtime: 1 hr. 29 min.
  PG-13
  sexual situations and brief strong language
- Recent college graduate Ryden Malby (Gilmore Girls star Alexis Bledel) has just survived four years of higher education, but when she's forced to move back into her childhood home, the stress of dealing with her eccentric family, landing a job, and finding the right guy leaves her with precious little time to ponder where her life is truly heading.

CAST: Alexis Bledel, Zach Gilford, Michael Keaton, Carol Burnett, Rodrigo Santoro, Jane Lynch

DIRECTOR: Vicky Jenson

GENRE: Comedy

(Disponível em: < http://www.ask.com/bar?q=Classic+Movie+Synopsis&page=1&qsrc=6&ab=7&u=http%3A%2F%2Fwww.fandango.com%2Fspeedclassic_v111276%2Fsummary> Acesso em 24 agosto 2009.)

FAMILIARIZAÇÃO COM O TEXTO

1 Observe os recortes na página anterior e identifique os diferentes tipos de texto.

____

____

____

____

2 O que nos permite identificá-los?

- ☐ o formato (layout)
- ☐ os recursos tipográficos (negrito, itálico, etc.)
- ☐ as palavras características de cada tipo de texto.
- ☐ o tipo de letra (fonte)
- ☐ as figuras

3 Com base nos diferentes textos, liste o que você espera encontrar em cada um deles.
Observe o exemplo abaixo:

a Lista de ingredientes e modo de fazer

b ______________________________

c ______________________________

d ______________________________

e ______________________________

f ______________________________

g ______________________________

APRESENTAÇÃO DE ESTRATÉGIA

RECONHECENDO GÊNEROS TEXTUAIS

Gêneros Textuais são tipos de textos cuja função comunicativa é reconhecida social e culturalmente por uma determinada comunidade. Além de terem essa função comunicativa específica, os gêneros textuais se caracterizam por organização, estrutura gramatical e vocabulário específicos – assim como pelo contexto social em que ocorrem.

Reconhecer o gênero de um texto significa ter conhecimento de seu *layout* (formato), isto é, das características próprias a ele, as quais o distinguem de outros gêneros. Por exemplo, o gênero textual *receita culinária* contém uma lista de ingredientes e o modo de fazer. Já o gênero *resumo* (ou *abstract*) de artigo de revista científica em geral apresenta o(s) objetivo(s) da pesquisa, a metodologia, os resultados alcançados e a conclusão. A familiaridade com o gênero textual possibilita ao leitor efetuar leituras mais eficientes e direcionadas, pois permite localizar informações mais rapidamente.

2 OBJETIVOS DA LEITURA E NÍVEIS DE COMPREENSÃO

A

ONE CITY, TWO BROTHERS

By Chris Smith • Illustrated by Aurélia Fronty • Barefoot Books • $16.99 • (Ages 4 to 10)

A beautifully illustrated folk tale, with both Jewish and Arabic roots, tells of the origins of the city of Jerusalem: two brothers bring each other a gift in secret — three bags of grain — so each finds himself having neither more nor less than the day before. The brothers travel up and down the valley by night, until they surprise each other in the middle. "That blessed spot, where the two brothers met, became the site of the holy temple." A wistful reminder of the shared traditions of an extraordinary and turbulent city.

(Disponível em: <http://query.nytimes.com/gst/fullpage.html?res=9E02E4DD1639F930A25752C0A96E...> Acesso em: 23 Julho 2009.)

B

THE GENETICS OF BONE STRENGTH IN MICE

Jonathan Vu and Robert Blank (mentor), Endocrinology

ABSTRACT:

The purpose of this study is to identify relationships between the physical and genetic characteristics of bones in mice. The physical characteristics include size, density, and the force required to break the bone, while the genetic ones are the genes of the marker loci associated with the genes that affect these qualities. This study uses strains of mice with reduced genetic variation. The two strains of mice that are the most phenotypically extreme, meaning those with the strongest and weakest bones, are crossed. The F2 generation from that cross is then analyzed. The results of this analysis can be used to find which genotypes correlate with specific bone properties like size, density, and failure load. The anticipated outcome of this lab is the identification of the genotypes that affect bone strength in mice. The findings may be useful in treating medical conditions that are related to bone strength.

(Disponível em: <http://writing.wisc.edu/Handbook/presentations_abstracts_examples.html>. Acesso em: 24 Junho 2009.)

C

From: Eric Collins
To: Connie Spencer
Sent: Sunday, April 04, 1999 11:36 PM
Subject: Happy Easter!

Hi Connie!
Thank you so much for the Easter card! How have you been? We still have quite a bit of snow here, and we're getting a little tired of it. It's funny how the boys have adapted, though. If it gets above 40 degrees (Farenheit) they think it's warm and they go outside to play baseball (even in the snow!). Believe it or not, Justin will be 10 in June, and our triplets will be 8 in May.

How has your teaching been going? Will you be making any more trips to the U.S. any time soon? Every time we have lentils and rice, we think of you.

Hope you had a wonderful Easter! Take care, and keep in touch!
Love,
Judy (and Eric & the 4 J's)

(Fonte: acervo pessoal)

D

REAL ESTATE
NORTH ARLINGTON HOUSE FOR RENT, VIRGINIA Furnished two-story available July 1, for one year: $2,300 per month. Three bedrooms (or 2 w/den), two baths, office. Fenced backyard. Pets OK. Excellent school system: Tuckahoe Elementary, Williamsburg, Yorktown. Five blocks to Metro, convenient to Hwy 66, GW Pkwy. Tel: (703) 536-8189. E-mail: dayanaslane@aol.com

Fonte: Foreign Service Journal, June 2008, Page 65.

FAMILIZARIZAÇÃO COM O TEXTO

1 Identifique os gêneros dos textos utilizados nesta unidade:

Texto A	☐ carta ao leitor
Texto B	☐ resumo de artigo científico (*abstract*)
Texto C	☐ anúncio / classificado
Texto D	☐ divulgação/resenha de livro
	☐ email
	☐ sinopse de filme

2 Cite os textos (A, B, C, ou D) que apresentam as seguintes informações:

Objetivo ______________________

Ilustrador(a) ______________________

Descrição ______________________

Localização ______________________

No. de telefone ______________________

Notícias/novidades ______________________

Resultados ______________________

Perguntas ______________________

APRESENTAÇÃO E PRÁTICA DE ESTRATÉGIA

ESTABELECENDO OBJETIVOS E NÍVEIS DE COMPREENSÃO

TODA LEITURA deve ter um objetivo. Lemos porque queremos algo da leitura. Às vezes, somos levados a ler por motivos práticos e bem definidos, como quando consultamos o dicionário para encontrar o significado de uma palavra. Outras vezes, nossos objetivos se definem de modo inconsciente; assim, por exemplo, lemos em busca de fatos quando olhamos o noticiário do jornal. Também lemos textos sobre assuntos relacionados à nossa área de interesse, em busca de novas ideias. E, muitas vezes, lemos simplesmente pelo prazer que a leitura nos traz. Alguns dos objetivos mais comuns da leitura são:

a Aplicação prática
b Aprendizagem
c Entretenimento

1 Relacione os objetivos acima às suas descrições:

☐ Leitura motivada principalmente pelo prazer que ela traz ao leitor.
☐ Leitura utilitária, em que buscamos informações necessárias a nossa sobrevivência.
☐ Leitura destinada a expandir nosso conhecimento de mundo.

2 Com que objetivos você faria a leitura dos textos desta unidade?

Utilize as letras A, B, C e D para indicar os respectivos textos.

a para obter notícias de amigos, familiares, etc. – ______
b para verificar se o estudo realizado será útil para o desenvolvimento de sua pesquisa – ______
c para obter informações sobre algo que deseja adquirir – ______
d para manter contato social – ______
e para obter maiores informações sobre um possível livro a ser lido – ______
f para decidir se um determinado artigo é de seu interesse – ______
g para saber o significado de uma palavra – ______
h para conhecer a opinião de outros leitores de uma revista/jornal – ______

* Ver Nota ao Leitor, na pág. 164.

Como vimos, nossos objetivos têm grande influência sobre como realizamos a leitura. A maneira como corremos os olhos pela lista telefônica em busca de um número é bem diferente do modo cuidadoso que adotamos para a leitura de uma procuração.

Pela mesma razão, há graus diferentes de compreensão de um texto. O nível de compreensão pode variar de acordo com nossas necessidades e objetivos e com as dificuldades que o texto apresenta. Assim, temos:

- **Compreensão geral**

Quando apenas observamos um texto rapidamente para obter uma ideia geral, focalizando de modo especial os títulos e subtítulos, tabelas, figuras, ênfases tipográficas, cognatos (palavras semelhantes ao português) etc. Para identificar o tema, podemos utilizar a estratégia *skimming* – uma leitura rápida, sem interrupções, feita apenas para obter a ideia geral, como na leitura de um jornal para decidir sobre o possível interesse em determinada matéria.

- **Compreensão das ideias principais**

Quando buscamos não só identificar a ideia geral, mas também compreender os argumentos ou ideias principais, sem contudo nos determos em detalhes. Para obter as ideias principais, podemos utilizar a estratégia *scanning* – uma leitura rápida na qual nos concentramos na busca de uma informação específica. É o caso, por exemplo, da consulta a uma enciclopédia, catálogo ou lista telefônica.

- **Compreensão detalhada**

Quando buscamos não só identificar a ideia geral e compreender os argumentos ou ideias principais, mas também conhecer os detalhes do texto. Por exemplo, ao selecionarmos uma matéria de interesse no jornal, prestamos atenção aos detalhes e estabelecemos comparações com o que já sabemos a respeito do assunto.

3 No exercício a seguir, o enfoque está na compreensão das idéias principais dos textos desta unidade. Releia-os rapidamente para buscar informações que identifiquem os itens abaixo:

TEXTO A:

a Chris Smith ______

b Barefoot Books ______

c $16.99 ______

d (Ages 4 to 10) ______

TEXTO B:

a Jonathan Vu and Robert Blank ______

b Robert Blank ______

c Endocrinology ______

d mice ______

TEXTO C:

a April 04, 1999 11:36 PM ____________________

b 40 ____________________

c 10 ____________________

d 8 ____________________

e the 4 J's ____________________

TEXTO D:

a two-story ____________________

b July 1 ____________________

c $2,300 ____________________

d Five ____________________

e Hwy ____________________

●●●

3 COGNATOS

Physical fitness

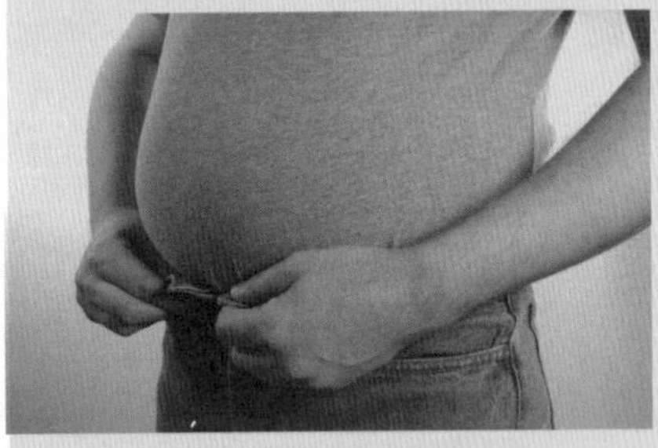

Fitness problems such as obesity and overweight have reached truly epidemic proportions in the United States. In the last 10 years, obesity rates have increased by more than 60 percent among adults. In 1999, 61 percent of the adult population was either overweight or obese. The obesity epidemic impacts other diseases as well. For example, the incidence of type 2 diabetes, a major consequence of obesity, is on the rise. Among U.S. adults, diagnosed diabetes increased 49 percent from 1990 to 2000.

The rate of increase in overweight among young people has been even steeper. This is particularly troubling since many of the behaviors that lead to adult obesity are established during childhood. Just 10 years ago, type 2 diabetes was virtually unknown in children and adolescents. Indeed, the medical community commonly referred to the condition as "adult onset diabetes." Today, it accounts for almost 50 percent of new cases of pediatric diabetes in some communities. Medical complications associated with obesity in children can lead to hospitalizations for type 2 diabetes, sleep apnea, and asthma. Since 1980, the percentage of children who are overweight has nearly doubled, and the percentage of adolescents who are overweight has nearly tripled. Almost 9 million young Americans, or about 15 percent of all children, are overweight.

Americans young and old should incorporate regular physical activity into their everyday lives. This does not necessarily mean joining an expensive gym or committing to a rigorous exercise or training routine. It is sufficient to choose activities that fit into your daily routine that speed your heart rate and breathing, or increase your strength and flexibility. Examples include walking to work, gardening, taking extra stairs, or mowing the lawn with a push mower. Besides building strength and aerobic fitness, regular exercise relieves stress, provides motivation, promotes relaxation, and facilitates sleep. Such activity reduces the risk of dying of coronary heart disease and decreases the risk for colon cancer, diabetes, and high blood pressure.

Regular physical activity is important throughout life. Healthy lifestyles are more influential than genetic factors in avoiding deterioration traditionally associated with aging. The growing number of older Americans places increasing demands on the public health system and on medical and social services. Currently, almost one-third of total U.S. health care expenditures are for older adults. These expenditures are largely due to treatment and care of chronic diseases, and the cost associated with many of these conditions could be reduced through regular physical activity.

For children, almost any physical activity is sufficient as long as they are moving. Playing actively or participating in athletic or physical fitness activities during school, running, biking, jumping rope, and dancing— instead of watching television or playing video games— all provide children with the kinds of activity they need.

(Disponível em: < http://members.home.nl/veldhuis/Abetterworld/nieuwe_pagina_3.htm >. Acesso em: 02 outubro 2008.)

FAMILIARIZAÇÃO COM O TEXTO

1 Retire do texto acima:

a Dez exemplos de palavras idênticas ou semelhantes aos vocábulos da língua portuguesa (exemplos: *chocolate*, *bicycle*)

____

____

____

b Cinco exemplos de palavras não cognatas da língua inglesa cujos significados você já conhecia antes da leitura do texto.

____

____

____

c Com base no contexto, deduza o significado das palavras sublinhadas:

1 It is sufficient to choose activities that fit into your daily routine that <u>speed</u> your heart rate and breathing, or <u>increase</u> your strength and flexibility.

____

2 Besides building strength and aerobic fitness, regular exercise relieves stress, provides motivation, promotes relaxation, and facilitates sleep.

____

3 The growing number of older Americans places increasing demands on the public health system and on medical and social services.

____

APRESENTAÇÃO DE ESTRATÉGIA

IDENTIFICANDO COGNATOS

A SEMELHANÇA EXISTENTE entre a língua portuguesa e a língua inglesa em termos de vocabulário deve-se principalmente ao fato de o português ser uma língua latina e de grande parte do vocabulário inglês provir do latim. Por essa razão, até os leitores que julgam nada saber sobre a língua inglesa conseguem reconhecer muitas palavras em textos nesse idioma. Por exemplo: *important*, *necessary*, *modern*, *dictionary*, *manual*, *interpretation*, *vocabulary*, *radio*, *cinema*, *map*, etc. Tais palavras são denominadas COGNATOS.

CONSOLIDAÇÃO

COMPREENSÃO GERAL E COMPREENSÃO DE PONTOS PRINCIPAIS

1 Compreensão geral

Descreva em poucas palavras o assunto do texto.

____

____

2 Compreensão das ideias principais

Relacione a coluna da esquerda à coluna da direita, com base em informações retiradas do texto:

a Nos últimos dez anos, ☐	**1** a porcentagem de crianças que estão acima do peso dobrou e a porcentagem de adolescentes que estão acima do peso triplicou.
b Em 1999, ☐	**2** as taxas de obesidade aumentaram mais de 60% entre os adultos.
c De 1990 a 2000, ☐	**3** complicações médicas associadas à obesidade em crianças podem levar à morte.
d Há 10 anos, ☐	**4** a diabetes tipo 2 era desconhecida em crianças e adolescentes.

e Atualmente, ☐

f Desde 1980, ☐

5 surgiram aproximadamente 50% de novos casos de diabetes infantil em algumas comunidades.

6 aproximadamente 9 milhões de americanos jovens ou em torno de 15% de todas as crianças, estão acima do peso.

7 a diabetes diagnosticada entre adultos americanos aumentou 49%.

8 atualmente 60% da população tem diabetes.

9 61% da população adulta estava acima do peso ou obesa.

3 Retire do 3º e último parágrafos do texto:

a Exemplos de atividades físicas que podem ser realizadas por adultos.

___

b Os benefícios que estas atividades podem trazer.

___

c Os riscos que estas atividades podem evitar.

___

d Exemplos de atividades físicas que podem ser realizadas por crianças.

___

•••

4 CONHECIMENTO PRÉVIO

FAMILIARIZAÇÃO COM O TEXTO

1 Você lerá a seguir um texto intitulado *Why is Recycling Important*?
Antes de iniciar a leitura, reflita sobre o que você já leu ou sabe a respeito do assunto (o que é *recycling*; materiais; processos; benefícios/vantagens, etc.).

2 Agora leia o texto a seguir e verifique se ele apresenta informações que não foram mencionadas na questão anterior.

Why is Recycling Important ?

Did you know that you can help the environment in a lot of ways by recycling various materials. Read on to know how recycling can help protect and preserve the natural resources of our mother nature.

→ What is Recycling

Before you know about the importance and benefits of recycling and its relation to a better environmental condition, it is essential to understand what is recycling. Recycling refers to the process of collecting used materials which is usually considered as 'waste' and reprocessing them. In this process these used materials are sorted and processed to be used as 'raw materials' for the production of new products. Recycling varies from 're-use' in the sense that while re-use just means using old products repeatedly, recycling means using the core elements of an old product as raw material to manufacture new goods. Some of the most common items that are recycled are plastic, glass, paper, batteries, aluminum etc.

→ Process of Recycling

The recycling process involves three stages. In the first stage the old products are collected and processed, where they are sorted, cleaned and made ready for recycling or manufacturing new products. The second stage involves the manufacturing of new products from the raw material obtained by the processing of the old products. Finally, the process ends with the purchasing of recycled goods by the consumers. The more people step forward to buy recycled products the better the success of the recycling process can be ensured. Buying recycled products will only increase when every individual will develop an awareness of the difference that can be made by utilizing their old household objects as raw materials to produce new goods and help the environment by recycling.

→ Why is Recycling Important

The importance of recycling can be observed in multiple ways. If you are wondering in your mind as to "why I should recycle" then here are some causes which should convince you to do so.

- **Recycling Saves Energy**

When new products are manufactured from the raw material obtained from recycled products, it saves a lot of energy which is consumed for the production. When new products are manufactured from 'virgin materials', the amount of energy consumed is much higher. Besides, the energy required to acquire and transport the 'virgin' raw materials from their origins or natural sources is also saved. Add to that the energy which is required to clean and protect the environment from the pollutant waste products, especially those which are non-biodegradable (plastic) and fill up the landfill areas.

- **Recycling Saves Environmental Conditions and Reduces Pollution**

Recycling helps in preventing global climate change to a great extent. By minimizing the energy spent on industrial production, recycling also helps in reducing greenhouse gas emission. Some of the major fossil fuels used in most industries include coal, diesel, gasoline etc. All these emit harmful gases such as methane, sulfur dioxide, carbon-dioxide to the environment. The processing of fresh raw material also creates toxic materials which pollute the environment. By reducing the energy used, recycling also minimizes the amount of fuel usage which in turn reduces the amount of harmful pollutants in the environment.

• **Recycling Saves Natural Resources**
We know that recycling involves the processing and usage of the core elements of an old product for the production of new products. This helps in saving our natural resources to a great extent. For example, once an old newspaper is recycled we do not need to use the resource of another tree to produce new paper products. This way, proper recycling can help us preserve our natural resources for our future generations and maintain the balance of the nature.

• **Economic Benefits**
Similar to energy and natural resource, recycling also helps in saving a lot of expense, demanded for the production of new products from 'virgin' materials. These expenses include the entire production cycle starting from acquiring the raw materials, transferring them from their origin to production places, processing and manufacturing costs. Recycling process creates employment opportunities for a lot of people, involved in the various stages of the process. This in turn contributes to the economic development of the state or country.

• **Recycling Saves Space for Waste Disposal**
Most of the landfill sites are filled up with a lot of waste products that could have been recycled effectively. Some of these waste materials belong to non-biodegradable category which takes a long time to decompose. Recycling enables proper usage of these waste products and saves space for landfills. The pace with which landfills are getting filled up, soon we might run short of landfills unless we start following recycling at our own home and spread the word to others.

(Disponível em:< http://www.buzzle.com/articles/why-is-recycling-important.html>. Acesso em 06 Julho 2009.)

3 Volte ao trecho "What is Recycling" e responda:

a Como o autor define *Recycling*?

b Que materiais podem ser reciclados?

4 Qual é o significado das seguintes palavras retiradas do texto:

a Recycling refers to the process of collecting used materials which is usually considered as **'waste'** and reprocessing them.

☐ resíduos ☐ matérias ☐ desperdício

b In this process these used materials are sorted and processed to be used as **'raw materials'** for the production of new products.

☐ materiais raros ☐ matéria-prima ☐ materiais recicláveis

c ... recycling means using the **core** elements of an old product as raw material to manufacture new goods.

☐ dispendiosos ☐ descartáveis ☐ essenciais

d ... recycling means using the core elements of an old product as raw material to manufacture new **goods**.

☐ processos ☐ benfeitorias ☐ produtos

e Buying recycled products will only increase when every individual will develop an **awareness** of the difference that can be made by utilizing their old household objects as raw materials to produce new goods and help the environment by recycling.

☐ consciência ☐ conceito ☐ alerta

5 Abaixo estão representadas, em forma de desenho, as etapas descritas no trecho *Process of Recycling*. Enumere-as de acordo com a sequência cronológica descrita no texto.

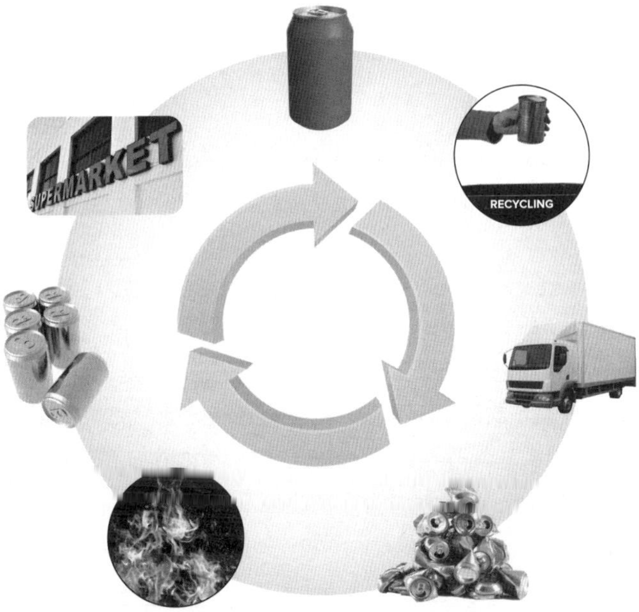

6 Ligue os títulos aos fatos:

1 *Recycling saves energy* ☐
2 *Recycling saves environmental conditions and reduces pollution* ☐
3 *Recycling saves natural resources* ☐
4 *Economic benefits* ☐
5 *Recycling saves space for waste disposal* ☐

a o espaço destinado aos aterros sanitários deveria ser utilizado prioritariamente para acomodar produtos biodegradáveis, uma vez que produtos não-biodegradáveis levam muito tempo para se decompor.

b o processo de reciclagem gera novas oportunidades de emprego contribuindo para o desenvolvimento econômico do país.

c a preservação de recursos naturais e a manutenção do equilíbrio da natureza se faz através da reutilização de produtos descartados.

d a diminuição do gasto de energia utilizada leva a um menor uso de combustível, contribuindo assim para a redução de poluentes no meio ambiente

e a utilização de matéria prima a partir de produtos reciclados para a fabricação de novos produtos economiza energia

7 Você concorda com o texto? O que tem sido feito na sua casa, escola, no seu ambiente de trabalho com relação ao assunto tratado?

____

____

____

____

APRESENTAÇÃO DE ESTRATÉGIA

ACIONANDO CONHECIMENTO PRÉVIO

A COMPREENSÃO DE UM TEXTO depende em grande parte do conhecimento que o leitor já possui e que se encontra armazenado em sua memória – ou seja, de seu conhecimento prévio. Esse conhecimento resulta da aprendizagem acumulada com base nas experiências vivenciadas pelo indivíduo ao longo do tempo e pode ser acessado para auxiliar na assimilação de informações novas. O conhecimento prévio é um recurso fundamental no processo de compreensão, pois possibilita a formulação de hipóteses e inferências pertinentes ao significado do texto.

CONSOLIDAÇÃO

COGNATOS

1 Volte ao texto e encontre o equivalente em inglês das seguintes palavras:

importância ______________________

essencial ______________________

materiais ______________________

elementos ______________________

papel ______________________

alumínio ______________________

causas ______________________

proteger ______________________

poluição ______________________

preservar ______________________

relação ______________________

processo ______________________

produção ______________________

plástico ______________________

baterias ______________________

benefícios ______________________

energia ______________________

biodegradável ______________________

emissão ______________________

decompor ______________________

•••

5 SKIMMING

6 Signs of Caffeine Addiction

CAFFEINE WITHDRAWAL TYPICALLY SETS IN AFTER 12 TO 24 HOURS OF ABSTAINING FROM CAFFEINATED DRINKS

By January W. Payne
Posted June 25, 2009

Caffeine alters mood and behavior, and it can also result in physical dependence, says Roland Griffiths, a professor in the departments of psychiatry and neuroscience at the Johns Hopkins School of Medicine. "People are hesitant to think of it as a drug of addiction because it doesn't have a lot of the health and adverse social consequences associated with our classic drugs of addiction, yet the basic mechanisms by which it hooks people are very much like our classic drugs of addiction," he says.

Most people experience mild to modest withdrawal, Griffiths says, which is relieved by drinking coffee in the morning after abstaining from it overnight. Many people say, "'I really don't get going until I have coffee, [and] then I feel great.' What they're not recognizing is that if they didn't consume coffee [at all], they would wake up feeling great," Griffiths says.

Here are some of the signs of caffeine withdrawal, which typically appear 12 to 24 hours after abstaining from coffee.

- **Headache**
- **Lethargy**
- **Depressed mood**
- **Nausea**
- **Vomiting**
- **Muscle pain and stiffness**

(Disponível em:< http://health.usnews.com/articles/health/diet-fitness/2009/06/25/6-signs-of-caffeine-addiction>. Acesso em: 30 junho 2009.)

Bullies and Their Victims: Wanna Fight?

by Ceil Than and John Edward Gill

What is Bullying?

Ask a twelve-year-old what he or she hates most about school, and you might be surprised to learn that the school bully outranks homework and tests on the fear factor scale. A bully is a child who deliberately and continuously uses physical assault or verbal abuse to harm another child that he or she sees as more vulnerable. Bullies and their victims can be as young as eight years old, and school bullying peaks in the high school years. Bullies and their victims can be boys or girls, and bullying can take place in cyberspace as well as the schoolyard. Both the bully and his or her victim suffer, and some are driven to extreme or suicidal behavior.

According to a survey done by the American Academy of Child and Adolescent Psychiatry, 50 percent of school age children report being bullied at some point during their school years, and 10 percent report being bullied continuously. Children in this age group are most intensely aware of their peers' opinions, acceptance, and rejection. The experience of being singled out and picked on can turn into an ever more emotionally devastating downward spiral, and the experience of power felt by a bully can also become a dangerous emotional high that pushes him or her to more extreme behavior.

Bullying takes place anywhere children gather: the playground, the cafeteria, the school hallways, the school bus, the mall, online on web sites such as My Space, or on cell phones via calls and text messaging. Bullying takes the form of punching, hitting, tripping, name-calling, posting embarrassing messages or photographs, or sending nasty messages. Bullies can be boys or girls, known or unknown to their victims.

(Disponível em:< http://www.fathermag.com/0811/bully/>. Acesso em: 29 Junho 2009.)

FAMILIARIZAÇÃO COM O TEXTO

1 Leia os textos da página anterior, observando títulos, cognatos, gravuras, bem como as primeiras e últimas linhas de cada parágrafo. Leve em conta também seu conhecimento prévio dos assuntos tratados. Em seguida, tente resumir, com suas palavras, a ideia central de cada um deles.

A: ______________________________

B: ______________________________

2 Em sua opinião, quem são os prováveis leitores desses textos?

A: ______________________________

B: ______________________________

APRESENTAÇÃO DE ESTRATÉGIA

BUSCANDO A IDEIA GERAL DO TEXTO (*SKIMMING*)

Esta estratégia de leitura consiste em observarmos o texto rapidamente apenas para detectar o assunto geral do mesmo, sem nos preocuparmos com os detalhes. Para tanto, é necessário prestar atenção ao *layout* do texto, título, sub-título (se houver), cognatos, primeiras e/ou últimas linhas de cada parágrafo, bem como à informação não-verbal (figuras, gráficos e tabelas).

Skimming é muito utilizada em nosso dia-a-dia, quando folheamos um jornal ou revista para obter uma ideia geral das principais matérias/reportagens. No contexto acadêmico é bastante empregada na seleção de material bibliográfico para trabalhos de pesquisa.

CONSOLIDAÇÃO

COMPREENSÃO DETALHADA

Volte aos textos e releia-os, desta vez para ir além do nível de compreensão geral dos mesmos.
1 Leia os textos novamente e assinale verdadeiro (V) ou falso (F) para as seguintes afirmações:

Texto A:

a A cafeína, além de alterar o comportamento, pode causar dependência. ☐

b A cafeína também é considerada, pela maioria das pessoas, uma droga que vicia, pois acarreta os mesmos sintomas que outras drogas. ☐

c A maioria das pessoas sofre de abstinência leve a moderada, a qual é superada logo após beber café na manhã seguinte. ☐

d Dr. Griffiths afirma que as pessoas só acordam se sentindo bem se tomarem café. ☐

e Alguns dos sintomas relacionados à falta de cafeína são: dor de cabeça, depressão e visão turva. ☐

TEXTO B:

a As tarefas e provas são os fatores que mais amedrontam as crianças de 12 anos. ☐

b Em torno de 10% das crianças sofrem ameaças durante o período escolar. ☐

c As vítimas da perseguição na fase escolar podem ter problemas emocionais ☐

d Os *bullies*, isto é, aqueles que ameaçam/perseguem, são, na maioria das vezes, conhecidos de suas vítimas. ☐

e As agressões podem ser de vários tipos: socos, surras, rasteiras, xingamentos, mensagens abusivas e fotos comprometedoras. ☐

•••

6 SCANNING

texto A

THE WOMEN (Comedy)

→ "The Women" is a remake of the 1939 George Cukor classic. The updated version follows a group of female friends when the one they envied most discovers her husband's cheating on her.

→ 1 hr. 54 min.

MPAA Rating: PG-13 for sex-related material, language, some drug use and brief smoking.

Starring: Meg Ryan, Annette Bening, Eva Mendes, Debra Messing, Jada Pinkett-Smith

MAMMA MIA! (Musical)

→ Raised on a Greek island by a formerly rebellious mom who never disclosed the identity of her father, a bride-to-be locates three men who might be her father and invites them to her wedding.

→ 108 Minutes.

MPAA Rating: PG-13 for some sex-related comments.

Starring: Meryl Streep, Pierce Brosnan, Amanda Seyfried, Colin Firth, Stellan Skarsgard

THE DARK KNIGHT (Action/Adventure)

→ The Caped Crusader returns, protecting Gotham City from the mad criminal mastermind, The Joker.

→ 2 hr. 32 min.

MPAA Rating: PG-13 for intense sequences of violence and some menace.

Starring: Christian Bale, Heath Ledger, Aaron Eckhart, Maggie Gyllenhaal, Michael Caine, Gary Oldman, Morgan

(Disponível em: <www.sliceofscifi.com/category/news/reviews/.../2/>. Acesso em: 12 de novembro 2008)

Texto B

Budapest by Night

Visit the illuminated 'Paris of the East' and spend an enjoyable evening in a traditional restaurant in the hills of Buda! We'll serve you a traditional Hungarian three-course menu accompanied with wine. During the dinner you can enjoy a colourful Folklore Show Programme with dancers - dressed in folk costumes - and Gipsy Music. Next we'll drive around the illuminated city and stop on top of the Gellért Hill (Citadel), the most spectacular viewpoint of Budapest. The tour ends at your hotel or at Monte Carlo Budapest. (voucher for free admission incl.).

DATE & TIME:
April-October: Tue., Thur., Fri., Sat. 19.00
November–March (excl. January): Fri., Sat. 19.00

DURATION: 4 hours

PRICE:
Adult: 65 EUR
Children: 32 EUR
The price includes free pick-up service 30 minutes before the tour starts.
* Ver Nota ao Leitor, na pág. 168.

RESERVATION:
Should you be interested in the above program or need help, please do not hesitate to contact us at:
info@sightseeingtoursbudapest.com

(Disponível em: <http://www.sightseeingtoursbudapest.com/en/budapest-by-night.php/>. Acesso em: 22 novembro 2008.)

FAMILIARIZAÇÃO COM O TEXTO

1 Observe rapidamente os textos A e B acima e indique seus respectivos gêneros:

- ☐ bula de remédios
- ☐ anúncio de pacote turístico
- ☐ seção de classificados
- ☐ tirinha humorística
- ☐ sinopses de filmes

2 Agora localize as seguintes informações no texto A:

a o filme de maior duração ______________________

b o filme de menor duração ______________________

c a idade mínima exigida pela censura para assistir os filmes ____________

d os filmes que contêm assunto relacionado a sexo ____________

e o filme que se passa em uma ilha grega ____________

d o filme que tem a atriz Meg Ryan no elenco ____________

e o gênero a que pertence o filme "The Dark Knight" ____________

f o filme que é uma refilmagem de um clássico ____________

3 Observe o texto-B e explique a que se referem os itens abaixo:

a 4 hours: ____________

b 32 EUR: ____________

c info@sightseeingtoursbudapest.com: ____________

d April-October: Tue., Thur., Fri., Sat. 19.00 ____________

4 Localize no texto-B as seguintes informações:

a Cidade europeia comparada a Budapeste ____________

b Três atividades incluídas na excursão ____________

____

____

c O mês em que a excursão não é oferecida ____________

APRESENTAÇÃO DE ESTRATÉGIA

BUSCANDO INFORMAÇÕES ESPECÍFICAS NO TEXTO (*SCANNING*)

Como vimos anteriormente, nossos objetivos determinam o modo pelo qual realizamos a leitura. Quando buscamos uma informação específica, concentramos a atenção apenas em identificá-la, ignorando outros detalhes do texto. Essa técnica de leitura, conhecida como *scanning*, consiste em correr rapidamente os olhos pelo texto até localizar a informação desejada. O *scanning* é prática rotineira na vida das pessoas. Alguns exemplos típicos são o uso do dicionário para obter informação sobre o significado de palavras, a busca de um número na lista telefônica ou a utilização do índice de uma revista ou livro para encontrar um artigo ou capítulo de interesse. Essa técnica não exige leitura completa nem detalhada do texto.

CONSOLIDAÇÃO

SKIMMING E GÊNEROS TEXTUAIS

HAIR CARE

For a long while, I thought about **donating** my hair. I'd always been told I had perfect hair – it's super-long, really thick, and it has beautiful **natural** blonde highlights. I decided I just wasn't able to give that up yet. Then my **amazing** guy friend got leukemia – for the third time! His closest guy friends always shave their heads in support whenever he goes through chemo. I went to **seventeen.com**, saw your ***Locks of Love** video, and realized it was just **hair** – other people need it more than I do. So I had it cut off (which feels *really* weird!). I wanted to let you know your video **inspired** me to be a better person.

jenny, 15, atascadero,ca

* Ver Nota ao Leitor na pág. 169. Fonte: Revista Seventeen (ano 2007).

1 Observando o título, a fonte, cognatos e dicas tipográficas (negrito, itálico, etc.), faça uma leitura rápida do texto (*skimming*) para identificar o assunto tratado.

____

____

____

____

2 A que gênero pertence o texto *Hair Care*?

☐ relato de pesquisa
☐ seção "Carta ao Leitor"
☐ seção "Carta ao Editor"
☐ entrevista

3 Cite algumas características do texto que o auxiliaram na identificação do gênero.

____

____

____

INFORMAÇÃO NÃO-VERBAL

Internet video threatens TV

Members of the Baby-Boom generation are increasingly shifting away from traditional TV in favor of online services and entertainment, and now spend more free time online than they do watching TV, according to a study by ChangeWave Research.

The May benchmark survey of business professionals ages 45-63, focused on TV viewing habits vs. home internet usage. It found that Boomers spend an average of 12.9 hrs/week online, compared with only 11.8 hours/week watching traditional TV. It also found that many Boomers would be willing to give up their subscription TV service if they could get the same programming online.

GRÁFICO 1

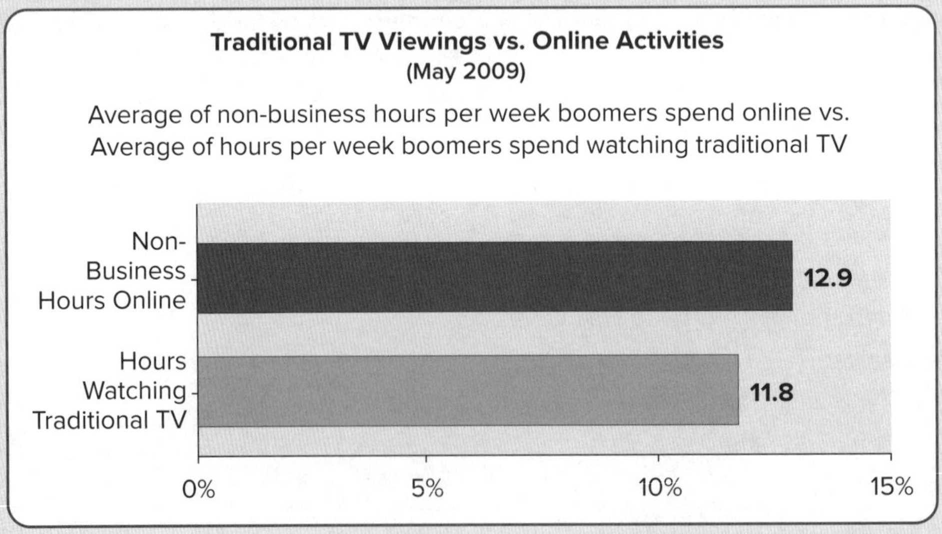

Moreover, by a five-to-one margin Boomers are watching less traditional TV than they did a year ago. Among this group, 62% say it's because they're not as interested in what's on TV these days, and another 26% say they're spending more time surfing the web, ChangeWave said.

→ Traditional TV vs. Alternative Programming

Among traditional TV viewers, 20% of survey respondents say they would be likely to downgrade or cancel their current TV service package in the next six months. The likelihood of canceling is highest among cable (22%) and satellite subscribers (22%), and lowest among fiber-optic TV subscribers (7%).

When asked which one paid subscription - among all media choices - they'd be most willing to give up, 44% selected TV service, which fared significantly worse than any other subscription service.

GRÁFICO 2

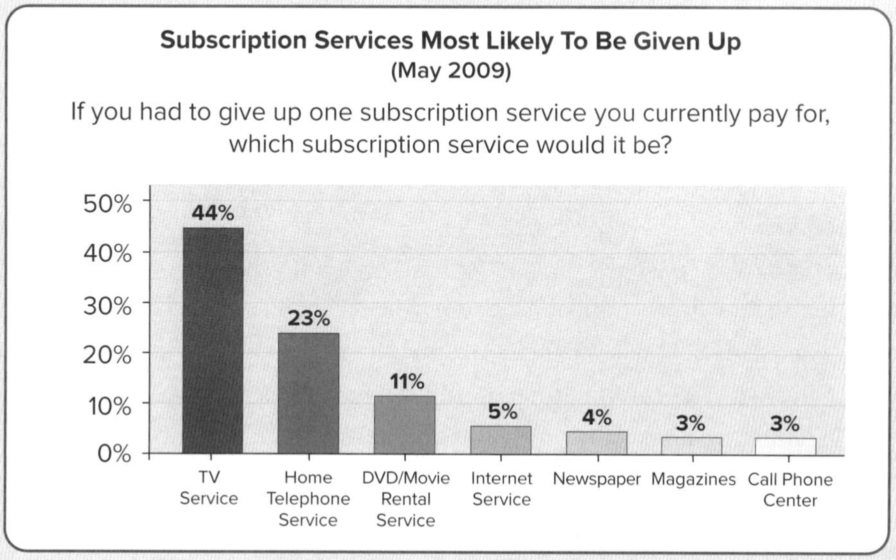

ChangeWave said that the vulnerability of TV subscription services is a direct result of the growth of internet video, which is providing a direct threat to traditional TV. More than two-thirds of Boomers (69%) say they've watched video content on their computer over the past 90 days and 48% say they'd be willing to pay a monthly fee for a subscription to an internet video service if it provided the same programming currently available on TV.

In terms of the top TV websites, YouTube.com (79%) is the leading online website Boomers use to watch video, followed by TV network websites (39%), Hulu.com (16%) and iTunes (11%).

→ Some Ads Okay

In terms of willingness to watch ads associated with internet video, the survey found, not surprisingly, Boomers clearly want to see fewer ads than they do with conventional broadcasting. However, more than two-thirds (68%) say they are willing to view at least some ads online.

GRÁFICO 3

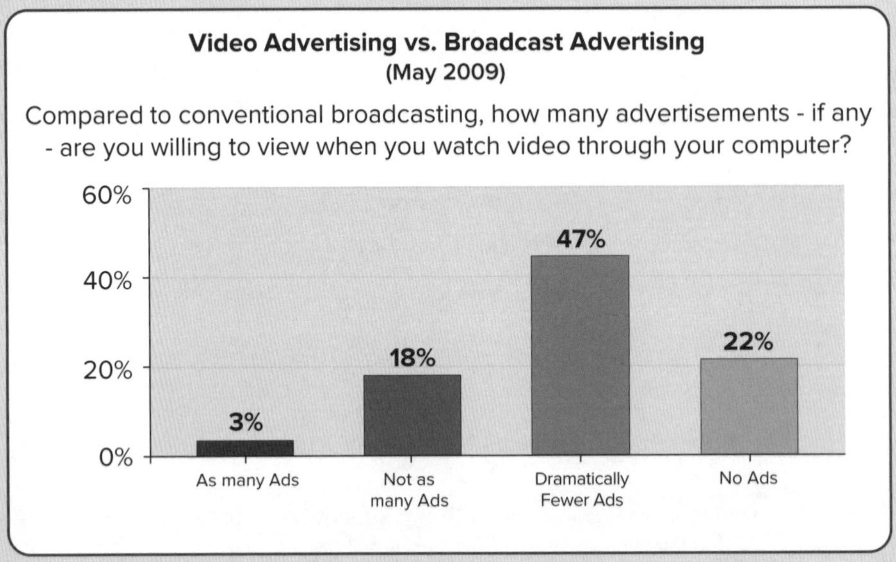

Copyright © 2009 ChangeWave Research

About the research: The survey was conducted by polling members of the ChangeWave Alliance Research Network, a group of 20,000 business, technology and medical professionals and early-adopters. ChangeWave surveys this network of members weekly on a range of business and consumer topics, and converts the information into a series of proprietary quantitative and qualitative reports.

* Ver Nota ao Leitor na pág. 170.

(Disponível em: http://www.marketingcharts.com/television/online-video-threatens-tv-among-boomers-9935/changewave-tolerance-online-video-tv-advertising-may-2009jpg/ Acesso em: 02 de agosto 2009.)

FAMILIARIZAÇÃO COM O TEXTO

1 Observando apenas o título e gráficos, descreva em poucas palavras o provável assunto do texto.

____

____

2 Com base nos cognatos e palavras/expressões que você já conhece, confirme ou refaça a resposta dada no exercício anterior.

3 Identifique o gráfico (1, 2 ou 3) que apresenta as seguintes informações:

a ☐ O telefone fixo já não é um serviço indispensável.
b ☐ A TV por assinatura lidera entre os serviços que se deseja cancelar.
c ☐ As pessoas gastam mais horas do seu tempo livre on line do que assistindo televisão.
d ☐ 22% dos entrevistados não gostariam que comerciais fossem exibidos na Internet.
e ☐ As pessoas ainda valorizam a informação em papel como jornais e revistas.
f ☐ Os serviços de telefonia móvel estão entre os preferidos entre as pessoas entrevistadas.
g ☐ 65% dos entrevistados afirmaram que gostariam de ver menos comerciais na Internet.

APRESENTAÇÃO E PRÁTICA DE ESTRATÉGIA

EXPLORANDO A INFORMAÇÃO NÃO-VERBAL

Como o próprio título sugere, informação não-verbal é toda informação fornecida por meio de figuras, gráficos, tabelas, mapas etc. O leitor poderá se concentrar neles a fim de obter a informação que deseja ou necessita.

No entanto, sabe-se que, não raro, a informação não-verbal é ignorada ou considerada supérflua pelo leitor. Contudo, se o autor a colocou à disposição, é porque ela deve ser observada. De fato, em muitos textos que combinam informação verbal e não-verbal, aquilo que se busca pode estar apenas no gráfico ou tabela, por exemplo. Nesse caso, a leitura do texto passa a ser apenas a confirmação das informações obtidas por meio de tais recursos.

1 Volte aos gráficos e retire pelo menos mais três informações apresentadas pelo autor.

____

____

____

CONSOLIDAÇÃO

CONHECIMENTO PRÉVIO, *SCANNING*

1 Você conhecia as ideias tratadas no texto?
Se sua resposta for afirmativa, pense em como esse conhecimento prévio do assunto facilitou sua leitura.

2 Utilizando a estratégia *scanning*, localize as seguintes informações no texto:
a a faixa etária das pessoas entrevistadas:

____

b o número de horas que as pessoas passam *on line* nas suas horas de folga:

---

c a porcentagem de pessoas que disseram não ter muito interesse pelos programas exibidos na televisão atualmente:

---

d o tipo de serviço de TV por assinatura que os entrevistados mais gostariam de cancelar:

---

e o motivo pelo qual o hábito tradicional de assistir televisão está sendo ameaçado pela Internet:

---

f o *Website* de TV mais assistido:

•••

8 INFERÊNCIA CONTEXTUAL

Food Pyramid

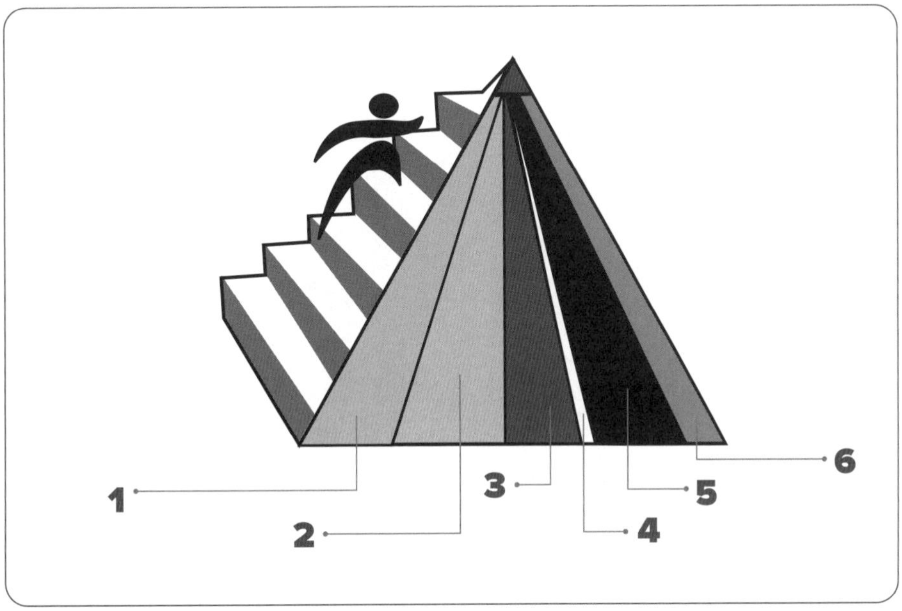

❶

GRAINS

❷

VEGETABLES

❸

FRUITS

❹

OIL

❺

MILK

❻
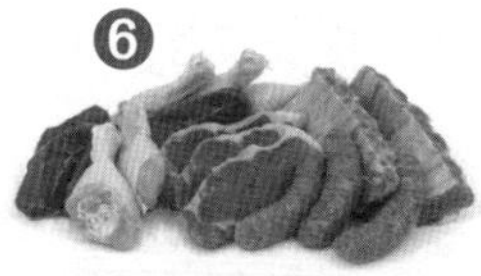
MEAT & BEANS

(Disponível em: < http://www.kidskonnect.com/content/view/336/27/ > Acesso em 06/07/2009.)

Oils

- Most fats should be from fish, nuts and vegetable oils
- Limit solid fats such as butter, margerine or lard
- Keep consumption of saturated fats, trans fats and sodium low
- Choose foods low in sugar

The Food Guide Pyramid

The Food Guide Pyramid is one way for people to understand how to eat healthy. A rainbow of colored, vertical stripes represents the five food groups plus fats and oils. Here's what the stripes stand for:

1 grains
2 vegetables
3 fruits
4 fats and oils
5 milk and dairy products
6 meat, beans, fish, and nuts

The U.S. Department of Agriculture (USDA) changed the pyramid in 2005 because they wanted to do a better job of telling Americans how to be healthy. The agency later released a special version for kids. Notice the girl climbing the staircase up the side of the pyramid? That's a way of showing kids how important it is to exercise and be active every day. In other words, play a lot! The steps are also a way of saying that you can make changes little by little to be healthier. One step at a time, get it?

→ The Pyramid Speaks

Let's look at some of the other messages this new symbol is trying to send:

Eat a variety of foods. A balanced diet is one that includes all the food groups. In other words, have foods from every color, every day.

Eat less of some foods, and more of others. You can see that the bands for meat and protein (6) and oils (4) are skinnier than the others. That's because you need less of those kinds of foods than you do of fruits, vegetables, grains, and dairy foods.

You also can see the bands start out wider and get thinner as they approach the top. That's designed to show you that not all foods are created equal, even within a healthy food group like fruit. For instance, apple pie would be in that thin part of the fruit band because it has a lot of added sugar and fat. A whole apple — crunch! — would be down in the wide part because you can eat more of those within a healthy diet.

(Disponível em: < http://kidshealth.org/kid/stay_healthy/food/pyramid.html>. Acesso em: 06/07/2009.)

FAMILIARIZAÇÃO COM O TEXTO

1 Observando as ilustrações e o título descreva o que você pode antecipar sobre o conteúdo do texto.

____

2 Faça uma leitura rápida para confirmar/descartar suas hipóteses. O texto correspondeu às suas expectativas? A seguir, descreva em poucas palavras o assunto tratado.

____

____

3 Utilizando a estratégia scanning, localize as seguintes informações.

a Os 6 grupos de alimentos representados na pirâmide: ______________

b O grupo que o artigo coloca à parte em relação aos outros cinco: ______________

c Uma dieta balanceada deve incluir: ______________

d A sigla USDA refere-se ao: ______________

e Esta versão da pirâmide é dirigida a: ______________

4 Após uma segunda leitura do texto, procure deduzir o significado das palavras/expressões destacadas:

a * Keep consumption of <u>saturated fats</u>, <u>trans fats</u> and sodium low

____

b A <u>rainbow</u> of colored, vertical <u>stripes</u> represents the five food groups plus fats and oils.

____

c (5) — milk and <u>dairy products</u>

____

d You can see that the <u>bands</u> for meat and protein (6) and oils (4) are <u>skinnier</u> than the others.

____

e You also can see the bands start out <u>wider</u> and get <u>thinner</u> as they approach the top.

____

APRESENTAÇÃO E PRÁTICA DE ESTRATÉGIA

FAZENDO /TECENDO INFERÊNCIAS CONTEXTUAIS

A INFERÊNCIA é uma estratégia de grande valor na compreensão de textos; muitas adivinhações/ suposições, que podem ser rejeitadas ou confirmadas, ocorrem até o leitor chegar à interpretação da mensagem. Ao encontrar uma palavra desconhecida, podemos tentar adivinhar seu significado fazendo uso do contexto, isto é, observando a sentença em que a palavra aparece ou as sentenças anteriores e posteriores. A habilidade de inferir é utilizada também para resgatar mensagens que não são indicadas explicitamente no texto. Esse processo é conhecido como 'ler nas entrelinhas'.

Para ler nas entrelinhas é necessário ter em mente as **ideias** expressas pelo texto, ao invés de **palavras isoladas**. Consequentemente, os enunciados devem ser lidos por inteiro e não palavra por palavra.

Para inferir palavras ou ideias de um texto, podemos utilizar os seguintes recursos:

- Conhecimento prévio (*background knowledge*) – o conhecimento que o leitor já possui sobre o assunto tratado.
- Contexto semântico – o significado do texto como um todo (ou seja, descobrir o significado de palavras/ideias a partir do contexto em que estão inseridas, aproveitando as informações contidas em palavras/sentenças que vêm antes e depois e que contribuem para a construção do sentido global do texto).
- Contexto linguístico – pistas que indicam se a palavra é um substantivo, um adjetivo, um verbo, etc.
- Contexto não-linguístico (ou informação não-verbal) – pistas contidas em gravuras, gráficos, tabelas, etc.
- Conhecimento sobre a organização textual – pistas contidas no título, subtítulo, divisão em parágrafos, etc.

1 Nos exemplos abaixo, faça inferências para completar as sentenças:

a Em uma biblioteca, os livros são ______________ de acordo com o assunto, título e autor.

b Uma longa exposição a ______________________________ pode prejudicar a audição.

c A poluição química pode ser muito prejudicial porque pode afetar a terra, o mar e ________.

d É impossível cortar com esta faca porque ela está totalmente ______________________.

Como você pôde perceber, ao nos depararmos com algo pouco legível, apagado ou incompleto, automaticamente procuramos utilizar essa habilidade para adivinhar o que falta e entender o texto.

2 Com base nas informações acima, procure inferir os nomes dos filmes a seguir.

D__na fl__r e seus __oi__ m____id__s.

O b____jo da m____her ar____ha.

Os exemplos seguintes mostram que o mesmo processo acontece em inglês (assim como em qualquer outra língua).

3 Se a palavra weight for desconhecida, o seu significado poderá ser inferido quando a mesma for apresentada em contexto:
Many people are worried about their weight. To reduce weight, they eat less, eliminate carbohydrates from their diet, do a lot of exercises to burn calories, etc.

4 No texto abaixo, a palavra substituída por *tock (palavra inexistente, sem sentido) também pode ser deduzida pelo contexto.
She poured coffee into a tock. Then, holding the tock, she drank. Unfortunately, as she was placing it on the table, the tock fell from her hand and broke.

5 Do mesmo modo, não é difícil deduzir o significado de "Mazda", na sentença abaixo:
I've just bought a Mazda so I drive to work.

6 Utilize a mesma estratégia, inferência, para descobrir as palavras em inglês que estão faltando nas seguintes sentenças:
a I removed the ______________________ from the shelf and began to read.
b Rachel is very hard working. On the other hand, her sister is very ______________.
c Everyone knows that if you step on an egg, it will ______________________.

7 Observe o comercial publicado para divulgar os 30 anos da DISAL. Ao interpretá-lo procure ler nas entrelinhas e encontrar significado além do que está expresso explicitamente pelo autor.

____

____

____

8 Com base nos conceitos apresentados na página anterior, identifique, os tipos de conhecimento e contexto que você utilizou para chegar à interpretação do comercial.

____

____

____

____

The oldest book distributor in Brazil

Fonte: New Routes in ELT, 16 Nov., 1998.

CONSOLIDAÇÃO

INFORMAÇÃO NÃO-VERBAL E OBJETIVOS DA LEITURA

1 Observe o layout do texto "The Food Guide Pyramid" e o subtítulo: *The Pyramid Speaks.* Você concorda com essa afirmativa? O que a pirâmide tem a dizer?

____

____

2 Qual o objetivo dos degraus na parte lateral da pirâmide ?

____

____

3 Como você avalia a contribuição das ilustrações (informação não – verbal) para a compreensão da mensagem do texto?

____

____

4 Assinale o provável objetivo do leitor ao ler o texto.

☐ diversão ☐ aplicação prática ☐ enriquecimento intelectual

•••

9 PALAVRAS-CHAVE

Car Talk

COULD CARS TALK TO EACH OTHER DIRECTLY TO MAKE THE STREETS SAFER?

By Corey Binns
Posted 05.06.2009 at 12:09 pm
5 Comments

Car accidents kill 115 people a day in the U.S. and cost an annual $230 billion. Cautious drivers can avoid only so much danger, especially when it's a car running a red light, or a truck that pops out of a blind spot. But commuting could get safer with new in-car technology that warns you of that vehicle just around the corner — and even hits the brakes for you.

Most car communication networks in development use the same Wi-Fi chips found in your laptop. But those units were made to pick up a signal from the router on your bookshelf, not dozens of signals zipping by at 50 mph and creating "digital echoes" as they reflect off buildings. So the Australian company Cohda Wireless designed a Wi-Fi chip with a receiver that better tracks a moving signal and algorithms that filter out interference. The radio broadcasts a car's location and speed to every similarly equipped vehicle within at least 500 feet. Thinking about passing an 18-wheeler? The chip detects an oncoming car's signal and sounds a warning.

In 700 two-car trials, the company's radio warned drivers of oncoming danger 21 seconds in advance — 18 seconds faster than similar systems. If a large-scale test later this year in Australia goes well, the tech could reach consumers by 2012. In the future, says Paul Alexander, Cohda's chief technical officer, it could integrate with automatic steering and braking to respond to immediate hazards.

Auto-safety experts estimate that the system could reduce car-accident deaths by up to 50 percent. "It's a bold claim," Alexander says, "but people's inattention is a big factor in road accidents. Technology is always on — it's always thinking and always aware."

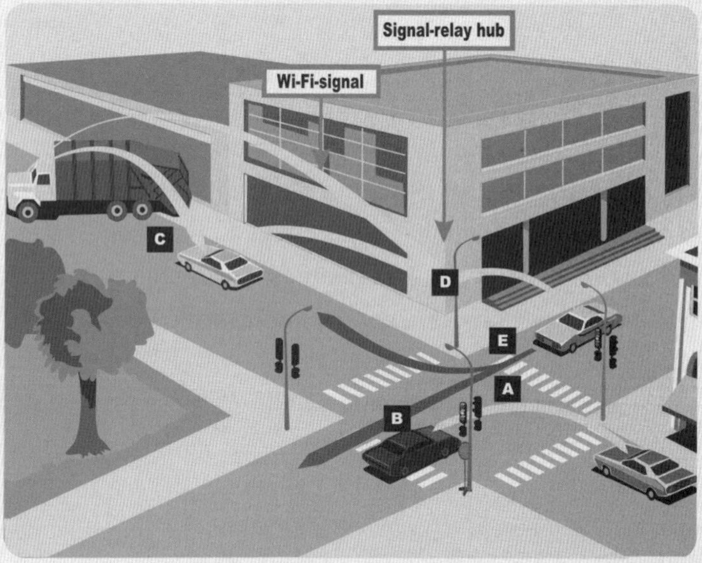

Collision Avoidance: Vehicles transmit their speed and position to cars within at least 500 feet, 10 times per second [A]. Onboard computers analyze the data and warn the driver of, for example, imminent collision with a car running a red light [B].

Traffic Updates: Each car's radio unit records road conditions and backed-up traffic [C] as it travels and uploads the data to light-pole-mounted units [D], which relay real time conditions to traffic-control centers and suggest detours [E] to drivers.

* Ver Nota ao Leitor na pág. 173.

(Disponível em: www.popsci.com/cars/article/2009-04/car-talk/>. Acesso em: 05 de maio 2009)

FAMILIARIZAÇÃO COM O TEXTO

1 **Observando o título, subtítulo e as gravuras, faça previsões sobre o provável assunto do texto.**

____

____

2 **Utilizando seu conhecimento prévio e apoiando-se de modo especial nos cognatos e nas palavras/expressões que você conhece, faça um *skimming* do texto para confirmar ou refazer a previsão feita anteriormente.**

3 **Relacione as ideias abaixo com os parágrafos nos quais elas aparecem (I, II, III, IV, V, VI):**

a Nos Estados Unidos, os acidentes de carro matam centenas de pessoas diariamente e causam grande prejuízo financeiro. ☐

b A unidade de rádio instalada nos carros registra as condições das estradas e do trânsito durante o trajeto, e transmite tais informações para os centros de controle de tráfego, sugerindo atalhos aos motoristas. ☐

c O chip Wi-Fi encontrado em laptops não é apropriado para o novo sistema, uma vez que os edifícios interferem na transmissão dos sinais, criando o que os especialistas chamam de “ecos digitais”. ☐

d A colisão de veículos pode ser evitada, uma vez que computadores de bordo transmitem a velocidade e posição dos carros em um perímetro de no mínimo 150 metros. ☐

e Ir e vir do trabalho de carro pode ficar mais seguro com a nova tecnologia digital instalada nos carros, a qual alerta sobre o perigo iminente e até mesmo executa ações defensivas. ☐

f Os especialistas acreditam que a nova tecnologia reduzirá sensivelmente o número de mortes por acidentes de carro. ☐

g O chip desenvolvido pela empresa australiana Cohda Wireless tem um receptor que rastreia melhor um sinal em movimento, bem como algoritmos que filtram a interferência causada pelos “ecos digitais”. ☐

h A nova tecnologia estará disponível para o consumidor muito em breve se o teste a ser realizado na Austrália for bem sucedido. ☐

4 **A que se referem as seguintes informações destacadas em negrito?**

a Car accidents kill **115 people** a day in the U.S. and cost an annual $**230 billion**.

____

____

b In **700 two-car trials**, the company’s radio warned drivers of oncoming danger **21 seconds** in advance — **18 seconds** faster than similar systems.

____

____

c If a large-scale test later this year in Australia goes well, the tech could reach consumers by **2012**.

---

d Auto-safety experts estimate that the system could reduce car-accident deaths by up to **50 percent**.

APRESENTAÇÃO E PRÁTICA DE ESTRATÉGIA

IDENTIFICANDO PALAVRAS-CHAVE

As PALAVRAS-CHAVE são imprescindíveis para a compreensão do texto porque têm relação direta com o assunto tratado. Tais palavras são de fácil identificação, pois uma de suas características é a repetição ao longo do texto. Além disso, são em geral substantivos – classe de palavras que contém muito significado. O reconhecimento das palavras-chave nos auxilia a identificar o assunto e construir o significado do texto. Portanto, devemos sempre procurar identificá-las para facilitar/otimizar a compreensão durante o processo de leitura.

Complete o diagrama abaixo com as palavras e expressões que, em sua opinião, foram essenciais para a compreensão do texto.

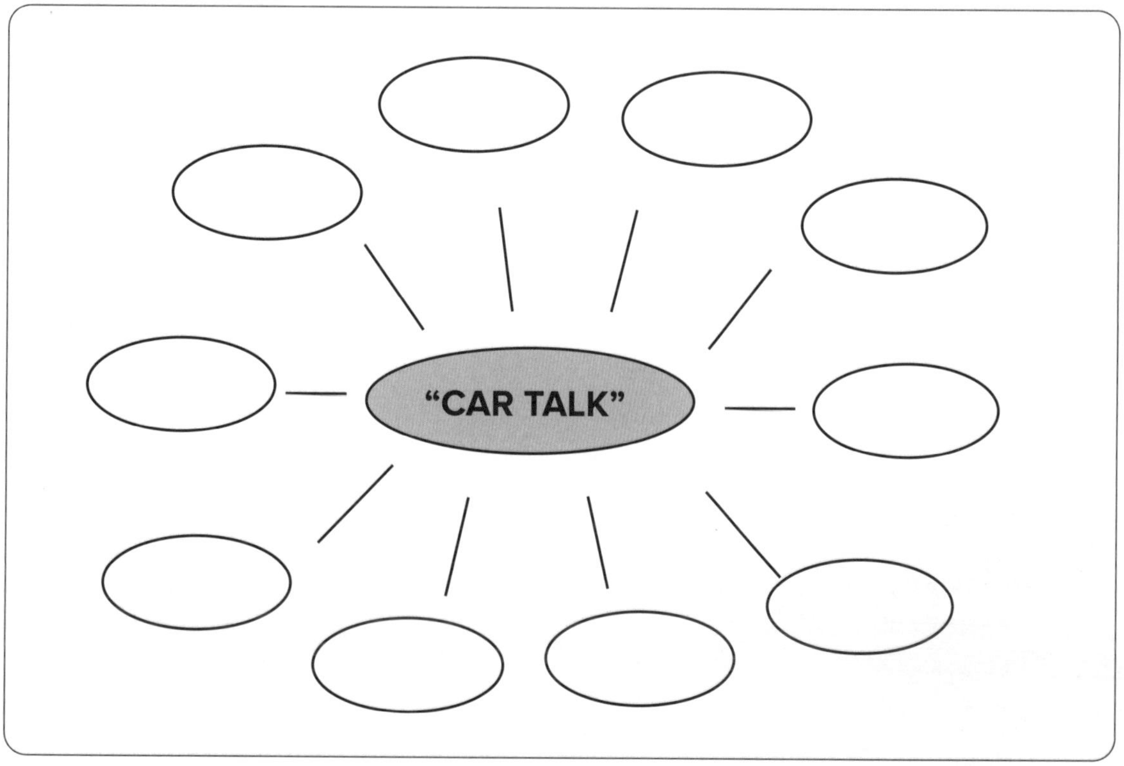

CONSOLIDAÇÃO

INFORMAÇÃO NÃO-VERBAL E INFERÊNCIA CONTEXTUAL

1 Qual a relação das figuras com a mensagem do texto?

____

2 Utilizando a estratégia de inferência, deduza o significado das palavras em negrito nas sentenças abaixo retiradas do texto:

a ...especially when it's a car running a red light, or a truck that **pops out** of a blind spot.

☐ desaparece ☐ surge ☐ pula

b ...designed a Wi-Fi chip with a receiver that better **tracks** a moving signal and algorithms that filter out interference.

☐ movimenta ☐ traça ☐ rastreia

c The radio **broadcasts** a car's location and speed to every similarly equipped vehicle within at least 500 feet

☐ detecta ☐ transmite ☐ localiza

•••

10 GRUPOS NOMINAIS

Don't write off organic food

THE FOOD STANDARDS AGENCY'S REPORT COMPLETELY FAILED TO ADDRESS THE LONG-TERM EFFECTS OF FARMING CHEMICALS ON HUMAN HEALTH, WRITES MOLLY CONISBEE.

By Molly Conisbee
Published: 3:11PM BST 30 Jul 2009
Comments 27 | Comment on this article

Sweet, crunchy, nutritious...and covered in chemicals

Did you know that the average industrially-produced apple may have been sprayed up to 16 times with 30 different chemicals? Or that exposure to pesticides has been linked to birth defects, male infertility and nervous system disorders? Well, the Food Standards Agency's report on organic farming would leave you none the wiser. It completely failed to address the long-term effects of farming chemicals on human health.

The study, which concentrated on the nutritional content of organic food compared to non-organic food, claimed there was little difference between the two. But with closer reading the researchers do report in their analysis that there are higher levels of beneficial nutrients, such as flavonoids and beta carotene, in organic compared to non-organic foods. But the FSA don't consider these differences to be "important".

The study concluded that there was no need for people to buy organic food for health benefits, but people don't only buy organic food because they think it will make them healthier. The EU's Quality Low Input Food project has found that regular buyers of organic food have a much more sophisticated understanding of the range of benefits that organic farming and food deliver, which stretch well beyond the nutritional.

The environmental advantages are self-evident: organic farms have on average 30 per cent more species and 50 per cent more overall numbers of wildlife such as birds, butterflies and bees. Compassion in World Farming, the recognized experts on animal welfare, says organic farming has the potential for the highest animal welfare standards. Artificial nitrogen fertilizer is banned in organic farming, so there are fewer run-offs of nutrients that cause the algae blooms in coastal waters which can have severe impacts on wildlife. There is also less dangerous waste on organic farms than on non-organic farms.

Our future will be dominated by climate change. Here organic farming is leading the way, by using solar powered fertility through crops like red clover that fix nitrogen into the soil for subsequent crops. For our own health and the health of the planet, organic food and farming will play a big part in a sustainable food and farming future.

Molly Conisbee is Director of Campaigns and Communications at the Soil Association.

* Ver Nota ao Leitor na pág. 174.

(Disponível em: <http://www.telegraph.co.uk/comment/personal-view/5939643/Dont-write-off-organic-food.html>.Acesso em: 18 de agosto 2009.)

FAMILIARIZAÇÃO COM O TEXTO

1 Observe o título, a figura que ilustra o texto e a legenda e diga qual o provável assunto do texto:

____

____

____

2 Faça uma leitura rápida do texto (*skimming*) e confirme ou refaça a predição feita na questão anterior.

3 Relacione os parágrafos do texto (I, II, III. IV ou V) às suas respectivas ideias principais.

☐ Relato de um estudo feito sobre as diferenças nutricionais entre os produtos orgânicos e não-orgânicos.

☐ Os benefícios do cultivo dos produtos orgânicos para o bem-estar dos animais e do meio-ambiente.

☐ Os efeitos dos produtos químicos usados na agricultura tradicional para a saúde.
☐ A importância da agricultura de produtos orgânicos para o futuro do planeta.
☐ A opção por produtos orgânicos vai além da questão nutricional.

4 Agora volte ao texto e, utilizando a estratégia *scanning*, encontre as seguintes informações:

a Alguns dos efeitos colaterais dos pesticidas para o homem.

___

b A diferença nutricional entre produtos orgânicos e não orgânicos.

___

c Os motivos pelos quais as pessoas preferem os produtos orgânicos.

___

d As vantagens do cultivo de produtos orgânicos para o meio ambiente.

___

APRESENTAÇÃO E **PRÁTICA** DE ASPECTO LINGUÍSTICO

GRUPOS NOMINAIS

Os grupos nominais são formados de um núcleo (substantivo) e um ou mais modificadores (que podem ser adjetivos ou outros substantivos). Em português, os modificadores geralmente aparecem DEPOIS do núcleo (exemplo: escândalos **financeiros**). Em inglês, porém, os modificadores quase sempre aparecem ANTES do núcleo: **financial** scandals. Por isso, é importante observar que, em inglês, o núcleo será quase sempre a última palavra do grupo nominal. Nos três grupos nominais a seguir, os núcleos são, respectivamente, *complex*, *teacher* e *women*: a. *the biggest industrial Latin American* ***complex***; b. *my new Mathematics* ***teacher***; c. *three beautiful* ***women***.

Algumas vezes, entretanto, o grupo nominal poderá incluir uma preposição (*in*, *on*, *at*, *of*, *for*, etc.); nesses casos, o núcleo será a palavra que **precede** a preposição. Exemplos: *the* ***colour*** *of his hair; the funny* ***picture*** *on the blackboard; the* ***fear*** *in her voice.*

1 As siglas abaixo são grupos nominais. Com base na informação fornecida em inglês, procure deduzir o significado de seus correspondentes em português:

IMF (International Monetary Fund)
FMI: ___
EU (European Union)
UE: ___
UNO (United Nations Organization)
ONU: ___

2 Identifique os núcleos dos grupos nominais abaixo, retirados do texto, e traduza-os:

a the average industrially-produced apple ______

b the long-term effects of farming chemicals on human ______

c the nutritional content of organic food ______

d non-organic food ______

e higher levels of beneficial nutrients ______

f regular buyers of organic food ______

g The environmental advantages ______

h Artificial nitrogen fertilizer ______

i severe impacts on wildlife ______

3 Sublinhe os grupos nominais do parágrafo abaixo, extraído do texto, e circule seus respectivos núcleos:

Our future will be dominated by climate change. Here organic farming is leading the way, by using solar powered fertility through crops like red clover that fix nitrogen into the soil for subsequent crops. For our own health and the health of the planet, organic food and farming will play a big part in a sustainable food and farming future.

CONSOLIDAÇÃO

PALAVRAS-CHAVE E INFERÊNCIA

1 Identifique as palavras que foram importantes na construção do significado do texto.

______

2 Utilizando a estratégia inferência, deduza o significado das palavras em negrito nas sentenças abaixo:

a It completely failed to **address** the long-term effects of farming chemicals on human health.

☐ direcionar ☐ endereçar ☐ abordar

b The EU's Quality Low Input Food project has found that regular buyers of organic food have a much more sophisticated understanding of the range of benefits that organic farming and food deliver, which **stretch** well beyond the nutritional.

☐ superam ☐ estendem ☐ alongam

c Artificial nitrogen fertilizer is banned in organic farming, so there are fewer **run-offs** of nutrients that cause the algae blooms in coastal waters ......

☐ correnteza ☐ escoamento ☐ corrida

d ...organic food and farming **will play a big part** in a sustainable food and farming future.

☐ terão um papel importante ☐ farão uma grande partida ☐ serão ampliados

11 REFERÊNCIA PRONOMINAL

UK couple defend son's assisted suicide at Swiss clinic

STORY HIGHLIGHTS

- Young rugby player, paralyzed after accident, commits suicide in Switzerland
- Police interview man and woman about the death of Daniel James, 23
- It is illegal in UK and much of Europe to assist with suicide
- Assisted suicide is legal in Switzerland, Netherlands, Belgium, Luxembourg

LONDON, ENGLAND (CNN) – POLICE HAVE LAUNCHED AN INVESTIGATION AFTER A YOUNG DISABLED SPORTSMAN TRAVELED TO SWITZERLAND TO COMMIT SUICIDE, UK MEDIA REPORT.

Daniel James, 23, from Sinton Green in western England was paralyzed from the chest down in March 2007 when a rugby scrum collapsed on top of him during match practice, dislocating his spine, the UK's Press Association has reported.

Worcestershire Coroner's Service, which is conducing an inquest into the circumstances of his death, states on its Web site that James died on September 12 after he "traveled to Switzerland with a view to ending his own life. He was admitted to a clinic where he died."

The inquest was adjourned on September 19 for reports.

West Mercia police say that a man and a woman are helping the force with their enquiries. Assisting someone to commit suicide is illegal in the UK, as it is in most other European countries.

James, who played rugby for England under-16s, was a university student at the time of his injury last year. He is believed to be the youngest person from the UK to have traveled to Switzerland to commit suicide.

In a statement Friday, reported by PA, James' parents said that he had attempted to kill himself several times already.

"His death was an extremely sad loss for his family, friends and all those that care for him but no doubt a welcome relief from the 'prison' he felt his body had become and the day-to-day fear and loathing of his living existence, as a result of which he took his own life.

"This is the last way that the family wanted Dan's life to end but he was, as those who know him are aware, an intelligent, strong-willed and some say determined young man," PA reported James' parents as saying.

"The family suffered considerably over the last few months and do wish to be left in peace to allow them to grieve appropriately."

James' parents added that their son, "an intelligent young man of sound mind," had never come to terms with his condition and was "not prepared to live what he felt was a second-class existence".

Adrian Harling, the family solicitor, would not comment on the investigation, PA reported. More than 100 people from the UK who have committed suicide in Switzerland have traveled to the Dignitas Clinic in Forch.

It is not known if James attended the clinic.

Switzerland, along with Belgium, Luxembourg and the Netherlands, are the only European countries where authorities will not prosecute those who assist with suicide.

* Veja Nota ao Leitor nas págs. 176-177.

(Disponível em: <http://edition.cnn.com/2008/WORLD/europe/10/18/uk.switzerland.assisted.suicide/index.html>. Acesso em: 06/07/2009)

FAMILIARIZAÇÃO COM O TEXTO

1 Identifique a fonte do texto.

2 Faça uma leitura rápida do mesmo prestando atenção ao seu "layout". Em seguida, descreva em poucas palavras o assunto tratado.

3 Que características o distinguem dos demais textos apresentados até agora?

4 Qual a função das aspas no caso específico deste texto?

5 Identifique duas fontes de informação citadas na matéria do jornal.

6 Através da estratégia scanning, localize as seguintes informações:

a O nome e idade do jovem que cometeu suicídio: ______

b O país onde ele faleceu: ______

c O número de pessoas do Reino Unido que cometeram suicídio na Suíça: ______

d Os países europeus onde o suicídio assistido é legal: ______

7 Leia o texto mais detalhadamente e numere os acontecimentos na ordem em que ocorreram.

a ☐ James viajou para a Suíça para por fim a sua vida.

b ☐ A polícia está investigando as circunstâncias da morte de James.

c ☐ Daniel James, estudante universitário, era jogador de rugby.

d ☐ Na Suíça, James internou-se em uma clínica aonde veio a falecer.

e ☐ James ficou paraplégico após um acidente durante uma partida de rugby.

8 O termo eutanásia é bastante conhecido. Contudo ele não é mencionado no texto. Há diferença entre suicídio assistido e eutanásia?

9 Discussão: Qual é a sua opinião sobre o suicídio assistido/eutanásia?

APRESENTAÇÃO E PRÁTICA DE ASPECTO LINGUÍSTICO

REFERÊNCIA PRONOMINAL

A REFERÊNCIA PRONOMINAL é um dos recursos utilizados para dar coerência à língua; esse recurso leva a uma interligação lógica das sentenças que compõem um texto. Ao invés de repetir algo mencionado anteriormente, pode-se utilizar elementos de referência tais como os pronomes pessoais: I, you, he, she, it, we, you, they (eu, você, ele, ela, nós, vocês, eles/elas); os pronomes demonstrativos: this (isto/este/esta, that (aquilo, aquele/aquela), these (estes, estas), those (aqueles/aquelas); os pronomes relativos: who, that, which (que); e os pronomes interrogativos: who, what, which (quem, o que, qual).

Os elementos de referência têm a função de levar o pensamento do leitor de volta para algo que foi mencionado anteriormente, ligando as ideias e tornando o texto menos repetitivo.

Um texto pode ser mal compreendido se o leitor não estiver ciente da ligação existente entre os elementos de referência e as palavras que eles substituem.

PRONOMES

Pronomes são palavras que substituem substantivos. O "antecedente" de um pronome é a palavra que ele substitui.

Exemplo: John has a car. He drives to work. Aqui o antecedente de **he** é **John**. **He**, portanto, refere-se a **John**.

Entre as categorias de pronomes, temos:

Pronomes Pessoais (I, he, she, we, they) que geralmente se referem a algo ou alguém específico.

Exemplo: Lions are opportunists; **they** prefer to eat without having to do much work.

Pronomes Demonstrativos (this, that, these, those) que se referem a substantivos.

Exemplos:

A dog's intelligence is much greater than **that** of a cat.

These cards are mine. **Those** are yours.

Powerful people frequently are tempted to drop old friends in favor of **those** who are more powerful. They prefer to socialize with **those** of equal or superior power.

Observação: *this* e *that* podem se referir a ideias completas.

Exemplo: She decided to sell the house. This really upset her neighbors.

Pronomes Relativos que ligam orações. *Who* e *that* referem-se a pessoas; *which* e *that* referem-se a animais e objetos; *where* refere-se a lugares.

Exemplos:

That's the teacher **who/that** voted against the proposition.

The table **which/that** had a marble top cost too much.

This is the place **where** the accident happened.

Pronomes Interrogativos (who, what, which) são usados em perguntas.

Exemplos:

Who do you think you are?

What are you doing?

Which color do you prefer, red or yellow?

PRONOMES PESSOAIS (RETOS E OBLÍQUOS) E POSSESSIVOS			
Pronomes Retos	**Pronomes oblíquos**	**Adjetivos Possessivos**	**Pronomes Possessivos**
I	Me	My	Mine
You	You	Your	Yours
He	Him	His	His
She	Her	Her	Hers
It	It	Its	Its
We	Us	Our	Ours
You	You	Your	Yours
They	Them	Their	Theirs

Pronomes pessoais retos têm a função de sujeito da oração, portanto, aparecem antes do verbo.

Exemplos:

The boy has a dog. **It** follows him everywhere.

Julia is my friend. **She** gave me a birthday present.

John and I watched some videos. **We** love watching science fiction.

Observação: em orações como, *It's raining* ou *It's 4 o'clock*, a palavra *it* não contém informação. Nesses casos, ela é usada porque, em inglês, toda a oração deve ter um sujeito expresso.

Pronomes pessoais oblíquos têm a função de objeto direto ou indireto. Desse modo, ocorrem após o verbo da oração.

Exemplos:

The boy has a dog. It follows **him** everywhere.

Julia is my friend. She gave **me** a birthday present.

Adjetivos possessivos e **pronomes possessivos** indicam **posse**. Os adjetivos possessivos sempre precedem o substantivo que modificam. Já os pronomes possessivos substituem o substantivo a que se referem, evitando a repetição de palavras.

Exemplo:

This is **my** umbrella. **Yours** is in the car. (adjetivo possessivo/pronome possessivo)

One (plural: ones) é outra palavra de referência, pois pode estar no lugar de um substantivo.

Exemplos:

Which is your boyfriend? The **one** in the blue shirt.

I'd like to try on those shoes. Which **ones**? The black **ones**.

Observação: outra função da palavra *one* é se referir a pessoas em geral, no sentido de "a gente". *You* pode ser usado com a mesma finalidade.

Exemplos:

The moment **one** gets into the mountains, **one** has to rely on **oneself** for everything.

The moment **you** get into the mountains, **you** have to rely on **yourself** for everything.

1 Nos trechos do texto "*UK couple defend son's assisted suicide at Swiss clinic*" a seguir, alguns exemplos de referência pronominal estão em negrito. Indique a que/quem se referem.

Worcestershire Coroner's Service, which is conducing an inquest into the circumstances of his death, states on **its** Web site that James died on September 12 after **he** "traveled to Switzerland with a view to ending **his** own life. He was admitted to a clinic **where** he died."

a *Its* Web site: ____________ **b** *he*: ____________

c *his* own life: ____________ **d** a clinic *where* he died: ____________

West Mercia police say that a man and a woman are helping the force with **their** enquiries. *Assisting* someone to commit suicide is illegal in the UK, as **it** is in most other European countries.

e *their* enquiries: ____________ **f** *it*: ____________

"**This** is the last way that the family wanted Dan's life to end but he was, as **those** who know **him** are aware, an intelligent, strong-willed and some say determined young man," PA reported James' parents as saying.

g "*This*: ____________

h ... as *those* who know *him* are aware, ____________

Agora, leia o texto abaixo (parte de uma matéria intitulada "The Execution of Timothy McVeigh") e faça o exercício.

The science behind executions

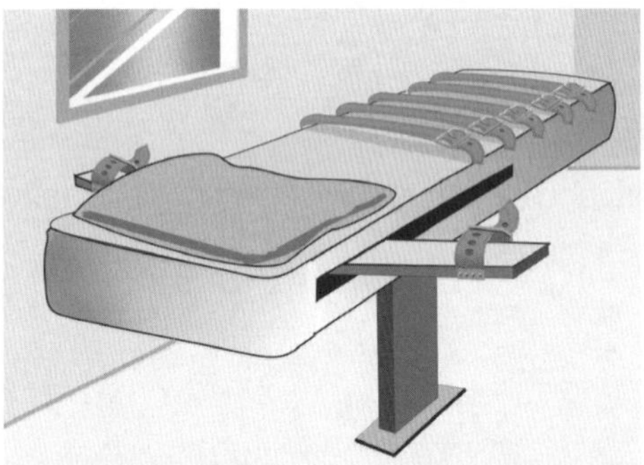

Lethal injection is the least cruel of five methods employed in U.S.

The execution table in the U.S. federal prison in Terre Haute, Ind., where Timothy McVeigh is scheduled to die Monday.

June 8 – The execution of Timothy McVeigh spotlights an interesting trend in the ways we take society's ultimate revenge against our most notorious criminals. Over the years, we have looked more and more to science to help us find methods to terminate a life that are not, as the law says, "cruel and unusual". Of the five methods still used in various states for executing prisoners, lethal injection is arguably the least cruel. As a result, it has also become the least unusual.

Fonte: www.msnbc.com/news/58726.asp

2 Leia as perguntas e, com base nas respostas, deduza o significado de cada pronome interrogativo:

a Who is going to be executed? Timothy McVeigh. ____________

b Why ? Because he is a criminal. ____________

c When ? Monday. ____________

d How ? By lethal injection. ______________________

e What is lethal injection? A method to terminate life. ______________________

f How many methods are still used for executing prisoners in the U.S.? Five ______________

g Which is the least cruel? Lethal injection. ______________________

CONSOLIDAÇÃO

PALAVRAS-CHAVE E INFERÊNCIA CONTEXTUAL

EXACTLY WHAT YOU'D EXPECT TO FIND INSIDE AN OYSTER : A PEARL.

We don't call them Oysters for nothing. Carved from a solid ingot of metal, the case of a Rolex is massively strong. It has to be, for within lies a thing of beauty: the delicate self-winding movement. Just as it takes time for a pearl to form within an oyster, so it takes about a year to create the movement of a Rolex chronometer. Every single one of its tiny parts will have been tested and inspected, then cleaned ultrasonically until it sparkles like jewellery. So, next time you find yourself admiring the glittering exterior of an Oyster, remember this: in a Rolex, beauty is never only skin-deep.

ROLEX
of Geneva

We don't call them Oysters for nothing. Carved from a solid ingot of metal, the case of a Rolex is massively strong. It has to be, for within lies a thing of beauty: the delicate self-winding movement. Just as it takes time for a pearl to form within an oyster, so it takes about a year to create the movement of a Rolex chronometer. Every single one of its tiny parts will have been tested and inspected, then cleaned ultrasonically until it sparkles like jewellery. So, next time you find yourself admiring the glittering exterior of an Oyster, remember this: in a Rolex, beauty is never only skin-deep.

Fonte: *Newsweek*, February 28th, 2000 (contra-capa).

1 Observando as ilustrações e o título desse texto, procure antecipar o assunto do mesmo.

2 **Leia o texto para confirmar ou descartar suas hipóteses. Como você o classifica em relação ao gênero textual?**

a relato de pesquisa

b receita culinária

c comercial

d carta

3 **Qual o nome dado ao modelo Rolex anunciado?** ____________________

4 **No texto, o autor compara o Rolex a uma ostra, descrevendo seu processo de fabricação como se fosse semelhante ao processo de formação de uma pérola. Utilizando sua capacidade de fazer inferências, diga qual é a provável intenção do autor ao estabelecer essa comparação.**

____

____

____

5 **O que o autor diz sobre os seguintes itens do Rolex?**

a A caixa é ____________________

b O movimento da corda automática é ____________________

c Após a limpeza, cada peça do cronômetro ____________________

d A beleza do Rolex ____________________

6 **Selecione algumas das palavras/expressões que mais contribuíram para a sua compreensão da mensagem do texto.**

____

____

____

7 **O que o texto recomenda como mensagem final ao leitor?**

____

____

____

____

●●●

12 MARCADORES DISCURSIVOS

Exploding the myth of cultural stereotypes

Americans are pushy and the English are reserved, right? Wrong, says a new study, which reveals there is no truth in this sort of national stereotyping.

An international group led by Antonio Terracciano and Robert McCrae at the US National Institutes of Health (NIH) surveyed more than 40,000 adults from 49 cultures. Participants were questioned about how neurotic, extroverted, open, agreeable, and conscientious typical members of their own culture are. This data was then compared with participants' assessments of their own personalities and those of other specific people they had observed.

The researchers found that there was no correlation between perceived cultural characteristics and the actual traits rated for real people.

In contrast, previous studies have shown that some gender stereotypes, such as the idea that women are warmer and men are more assertive, do reflect real trends.

In many cases, cultures had overly harsh views of themselves. "The Swiss believe that they are closed-off to new experiences," says Antonio Terracciano. "But in fact they are the most open culture to new ideas in art and music."

→ Czech mates

Brits rank themselves as introverted, while Argentinians proclaim to be uniformly disagreeable, neither of which is held up by the data. Czechs think they are antagonistic, but they actually score higher in modesty and altruism than other people.

Richard Robins, a psychologist at the University of California at Davis, US, says that the study pulls the plug on claims that perceived differences in national character reflect genetic differences between ethnic groups. "Stereotypes about national character seem to be largely cultural constructions, transmitted through the media, education, history, hearsay, and jokes," he explains.

Terracciano hopes that the results will make people address their own misconceptions. "People should trust less in their own beliefs about national character," he says. "These can be dangerous and the basis for discrimination."

* Ver Nota ao Leitor na pág. 178.

(Disponível em: <http://www.newscientist.com/article/dn8111-exploding-the-myth-of-cultural-stereotypes.html>. Acesso em: 27 julho 09.)

FAMILIARIZAÇÃO COM O TEXTO

1 **Com base apenas no título do texto, faça previsões sobre o provável assunto do mesmo.**

2 **Agora leia o texto rapidamente, observando cognatos e palavras/expressões que você já conhece, e descreva em poucas palavras o assunto tratado.**

____

____

____

3 **Verifique se as afirmações abaixo são verdadeiras ou falsas. Seja seletivo, isto é, não releia o texto todo, mas concentre-se apenas nos trechos necessários para realizar a atividade.**

a O estudo realizado buscou contrastar as concepções/impressões dos participantes sobre membros típicos de suas respectivas culturas com as avaliações pessoais de suas próprias personalidades e as de outras pessoas específicas que tinham observado. ☐

b O estudo teve por objetivo demonstrar que diferenças culturais refletem diferenças genéticas entre grupos étnicos. ☐

c Alguns estereótipos de gênero (i.e., relativo ao sexo masculino e/ou feminino) correspondem à realidade: as mulheres em geral são mais calorosas/afetuosas e os homens mais assertivos/decididos. ☐

d As impressões culturais analisadas revelaram uma tendência a auto-promoção, isto é, membros de diferentes nações analisaram suas próprias culturas apenas positivamente. ☐

e Os estereótipos culturais são transmitidos através dos meios de comunicação, educação, história, boatos e piadas. ☐

f O estudo realizado revelou que os estereótipos culturais são falsos e perigosos, pois encorajam a discriminação. ☐

4 No final do texto, o autor inclui um comentário de Antonio Terracciano, sobre suas expectativas em relação aos resultados obtidos com o estudo. Você concorda com tal comentário, reproduzido abaixo? Justifique.

"*People should trust less in their own beliefs about national character,*" he says. "*These can be dangerous and the basis for discrimination.*"

____

____

____

____

APRESENTAÇÃO E PRÁTICA DE ASPECTO LINGUÍSTICO

MARCADORES DISCURSIVOS

Marcadores discursivos, frequentemente representados por conjunções, são termos utilizados para ligar orações e ideias, indicando como elas se relacionam. Através desses elementos de ligação, os autores mostram com maior clareza a organização de suas ideias. Eles constituem, portanto, importante recurso de coesão textual.

Os marcadores discursivos podem sinalizar: *adição*, *contraste*, *causa/consequência*, *tempo*, *sequência cronológica*, etc. Observe, nos quadros a seguir, alguns exemplos de marcadores discursivos bastante utilizados na língua inglesa.

ADIÇÃO				
and (*e*)	**Furthermore,** **In addition,** **Moreover, /** **Besides,** (*Além disso,*)	**in addition to...** **as well as...** (*além de...*)	**also; too/as well** (*também*)	**both...and** (*tanto ... quanto*) **not only... but also** (*não apenas... mas também*)

Exs:

There's still a tendency to see the issues in black **and** *white.*
The source of the information is irrelevant. **Moreover**, *the information need not be confidential.*
John, Jack and Sam are coming **as well as** *our friends from Boston.*
Peter is a photographer and **also** *writes books.*
She is a valued colleague and a great friend **too/as well.**
Sometimes it is **not only** *wise to listen to your parents* **but also** *interesting.*

CONTRASTE			
but *(mas)*	**Yet, / Still, / Nevertheless, Despite / In spite of...** *(apesar disso/ apesar de ...)*	**Although, though...** *(embora)*	**On the one hand,** *(Por um lado,)* **On the other hand,** *(Por outro lado,)*
However, *(Entretanto,/Porém,)*	**rather than... instead of ...** *(ao invés de/ em vez de)*	**while/whereas** *(enquanto que/ao passo que)*	**In contrast (to/with), Unlike ... Differently from ...** *(ao contrário de ...)*

Exs:

I'd like to go **but** *I'm too busy.*
He's overweight and bald; **yet** *somehow, he's incredibly attractive.*
Despite *all our efforts to save the school, the authorities decided to close it.*
She walked home by herself, **although** *she knew that it was dangerous.*
On the one hand *I'd like a job which pays more, but* **on the other hand I** *enjoy the work I'm doing at the moment.*
Rather than *go straight on to university why not get some work experience first?*
He must be about sixty, **whereas** *his wife looks about thirty.*
In contrast to *Cuiabá, Curitiba has a cold winter.*

CAUSA/CONSEQUÊNCIA		
so (*por isso/assim*)	**Therefore, /Thus,** **Because of this/that,** **For this/that reason,** **Consequently,/As a result,** (*Portanto,*)	**since** (*visto que/ uma vez que*) **because** (*porque/ por causa de*) **so that** (*a fim de que*)

Exs:

*I was feeling hungry, **so** I made myself a sandwich.*
*Progress so far has been very good. **Therefore**, we are confident that the work will be completed on time.*
***Since** you are unable to answer, perhaps we should ask someone else.*
*We didn't enjoy the day **because** the weather was so awful.*

TEMPO / SEQUÊNCIA CRONOLÓGICA				
First(ly),/To start with, (*Primeiramente,*) **Second(ly),/Third(ly),** (*Em segundo/terceiro lugar,*) **Then,/Next,/After that,/ Afterwards,** (*A seguir,*) **Finally,** (*Finalmente, /Por último,*)	**formerly** (*no passado,*) **nowadays/ currently** (*atualmente*)	**before/prior to...** (*antes de*) **after ...** (*depois que/de*)	**the former** (*o/a primeiro/a*) **the latter** (*o/a segundo/a*)	**when** (*quando*) **while** (*enquanto*)

Exs:

*We had tea, and **afterwards** we sat in the garden for a while.*
*The European Union was **formerly** called the European Community.*
*Most people **nowadays** are aware of the importance of a healthy diet.*
*All the arrangements should be completed **prior to** your departure.*
*Zimmerman changed his name **after** he left Germany.*
*Of the two suggestions, I prefer **the former**.*
*She offered me more money or a car and I chose **the latter**.*
*I went there **when** I was a child.*
***While** I was in Italy, I went to see Alessandro.*

EXEMPLIFICAÇÃO	CONCLUSÃO
for example, / for instance, / e.g. / i.e. (*por exemplo,*) **such as** (*tal/tais como*) **like** (*como*)	**In short, / In conclusion,/In summary, Finally,/To sum up,** (*Finalmente,/Em resumo,*)

Exs:

That sum of money is to cover costs ***such as*** *travel and accommodation.*
To sum up*, for a healthy heart you must take regular exercise and stop smoking.*

ÊNFASE	COMPARAÇÃO
As a matter of fact, / In fact,/ Actually, / Indeed, (*De fato, / Na verdade,*)	**In the same way,/ Likewise,/ Similarly,/ Correspondingly,** (*Da mesma forma,*)

Exs:

I've known Barbara for years. Since we were babies, ***actually****.*
The cost of living in the city is more expensive, but salaries are supposed to be ***correspondingly*** *higher.*

Fontes: http://dictionary.cambridge.org e http://www.ldoceonline.com/dictionary

1 Nos trechos abaixo, retirados do texto, os marcadores discursivos foram sublinhados. Indique a ideia que cada um deles sinaliza (*adição*; *contraste*; *tempo*; *sequência cronológica*; *exemplificação*; *ênfase*; *comparação*; *conclusão*).

The researchers found that there was no correlation between perceived cultural characteristics and the actual traits rated for real people.
In contrast, previous studies have shown that some gender stereotypes, such as the idea that women are warmer and men are more assertive, do reflect real trends.

Brits rank themselves as introverted, while Argentinians proclaim to be uniformly disagreeable (...) Czechs think they are antagonistic, but they actually score higher in modesty and altruism than other people.

a and ____________ **c** such as ____________ **e** but ____________
b In contrast ____________ **d** while ____________ **f** actually ____________

CONSOLIDAÇÃO

INFERÊNCIA CONTEXTUAL E REFERÊNCIA PRONOMINAL

1 Indique os referentes dos pronomes sublinhados nos trechos a seguir:

• Americans are pushy and the English are reserved, right? Wrong, says a new study, which reveals there is no truth in this sort of national stereotyping.

• Participants were questioned about how neurotic, extroverted, open, agreeable, and conscientious typical members of their own culture are. This data was then compared with participants' assessments of their own personalities and those of other specific people they had observed.

• In many cases, cultures had overly harsh views of themselves.

a which ____________ **c** their (2x) ____________ **e** they ____________
b this ____________ **d** those ____________ **f** themselves ____________

2 No texto "*Exploding the myth of cultural stereotypes*", o autor emprega uma série de palavras/expressões para descrever as diferenças culturais. Classifique-as conforme o significado que expressam, isto é, positivo (P) ou negativo (N) e, com base no contexto em que estão inseridas, traduza-as.

• Americans are pushy and the English are reserved, right?

• Participants were questioned about how neurotic, extroverted, open, agreeable, and conscientious typical members of their own culture are.

• In many cases, cultures had overly harsh views of themselves. "The Swiss believe that they are closed-off to new experiences," says Antonio Terracciano. "But in fact they are the most open culture to new ideas in art and music."

• Brits rank themselves as introverted, while Argentineans proclaim to be uniformly disagreeable, neither of which is held up by the data. Czechs think they are antagonistic, but they actually score higher in modesty and altruism than other people.

a pushy ☐ ____________
b reserved ☐ ____________
c neurotic ☐ ____________
d extroverted ☐ ____________
e open ☐ ____________
f agreeable ☐ ____________

g conscientious ☐ ____________________

h harsh ☐ ____________________

i closed-off ☐ ____________________

j introverted ☐ ____________________

k disagreeable ☐ ____________________

l antagonistic ☐ ____________________

m modesty ☐ ____________________

n altruism ☐ ____________________

Encontre, na lista acima, 3 pares de antônimos e 2 pares de sinônimos.

____

____

____

____

●●●

13 AFIXOS

Michelangelo's first painting bought

FORT WORTH, TEXAS – THE KIMBELL ART MUSEUM WILL SOON BE THE ONLY US MUSEUM TO DISPLAY A MICHELANGELO PAINTING AFTER ACQUIRING HIS EARLIEST KNOWN WORK, A RARE TREASURE THAT WAS TUCKED AWAY AND DOUBTED AS AUTHENTIC FOR MORE THAN A CENTURY.

Published: 7:00AM BST 14 May 2009

"The Torment of Saint Anthony" by Michelangelo, believed to be his earliest known work. Photo: AP

The museum declined to disclose how much it paid for "The Torment of Saint Anthony", a 15th-century oil and tempera painting on a wood panel that depicts scaly, horned, winged demons trying to pull the saint out of the sky. Experts believe he painted it when he was only 12 or 13 years old.

Only four such works – including this one – by the artist exist, and two of them are unfinished. Most of his paintings are frescoes, the famous scenes on the ceiling and wall of Rome's Sistine Chapel.

"This is one of the greatest rediscoveries in the history of art," Eric M Lee, the Fort Worth museum's director, said. "The evidence could not be stronger. It's like a detective story, like a mystery, and it involves one of the greatest artists of all time."

The painting was exhibited as late as 1874 in Paris. But some questions about its authenticity had surfaced through the years, and after a London family acquired it in the 1900s, the painting was kept privately and largely forgotten in the art world, Mr Lee said.

Last summer an art dealer bought it for nearly $2 million at a Sotheby's auction and then took it to New York's Metropolitan Museum of Art, where one department chairman shared his hunch that it was the work of the Renaissance artist, Lee said.

Experts in the Met's paintings conservation department carefully cleaned it by removing decades of dirt, as well as paint layers that art restorers had applied through the ages to fill in chips or dull areas, Mr Lee said.

When they examined the painting further using X-rays and infrared technology, they were able to see how the artist made certain brush strokes, scraped paint layers to achieve detail and even changed elements of the painting before the final version, Mr Lee said.

Museum experts said they determined it not only was Michelangelo's – based on similarities to his other works and the artist's stories of the piece as told to biographers – but also that it was his earliest work – based on its age and details in the painting. The confirmation came a few months ago, and then the Kimbell decided to buy it, Mr Lee said.

The generations of dirt and paint build-up had obscured the painting's identity, and some doubted its authenticity because a similar painting existed, Mr Lee added. But an art expert who extensively studied both paintings said the other was done in the 17th century.

Michelangelo's piece has previously been known as "The Temptation of Saint Anthony" because he was inspired by a similar engraving of that name while learning to be an artist. But after the Kimbell acquired the oil painting, Lee decided to change its name because that engraving depicts a different scene, he said.

The painting will be displayed at the Kimbell starting this fall after a summer exhibit at the Metropolitan Museum of Art in New York. Lee said he may loan the painting to other museums later for travelling exhibits.

"This could not be a rarer object," Mr Lee said. "That's why this is such an extraordinary opportunity."

* Ver Nota ao Leitor na pág. 180.

(Disponível em: <http://www.telegraph.co.uk/news/worldnews/northamerica/usa/5321421/Michelangelos-first-painting-bought.html> Acesso em: 20 julho 09.)

FAMILIARIZAÇÃO COM O TEXTO

1 Você lerá um texto sobre um dos trabalhos de Michelangelo. Antes de começar a leitura, porém, leia o parágrafo abaixo sobre esse famoso artista:

Michelangelo di Lodovico Buonarroti Simoni (March 6, 1475 - February 18, 1564) was a Renaissance painter, sculptor, poet and architect. He is famous for creating the fresco ceiling of the Sistine Chapel, one of the most stupendous works in all of Western art, as well as the "*Last Judgment*" over the altar, and "*The Martyrdom of St. Peter*" and "*The Conversion of St. Paul*" in the Vatican's Cappella Paolina; among his many sculptures are those of the Pieta and David, again, sublime masterpieces of their field; he also designed the dome of St. Peter's Basilica.

(Disponível em: <http://www.artinthepicture.com/artists/Michelangelo/Biography/>. Acesso em 23 julho 2009.)

a Dentre as informações apresentadas acima, há alguma que você desconhecia sobre Michelangelo?

b Você sabe de outros fatos sobre o artista, que não foram mencionados no páragrafo acima?

2 Agora leia o texto da página anterior, observando de modo especial o título, 1º parágrafo em negrito, figura e legenda, além de cognatos e palavras/expressões que você já conhece em inglês. Em seguida, descreva em uma sentença o assunto tratado.

____

____

____

____

____

3 Volte ao texto, desta vez para localizar as informações abaixo. Não se esqueça de usar a estratégia *scanning*, isto é, leia seletivamente, buscando apenas os dados necessários para realizar a atividade.

a nome do museu que comprou a obra de Michelangelo

____

b quantia paga pelo museu para adquirir a obra

____

c título da obra descoberta

d período em que a obra foi realizada

e tipo de pintura que caracteriza os trabalhos de Michelangelo

f motivo pelo qual a obra ficou desaparecida por mais de um século, desde a sua última exibição pública em Paris, em 1874

g quantia paga pela obra, adquirida em um leilão na *Sotheby* (tradicional casa de leilões inglesa)

h tecnologia utilizada por peritos do Museu de Arte Metropolitana, em Nova Iorque, para descobrir a identidade do autor da obra

i título original da obra de Michelangelo

j razão pela qual Eric Lee (diretor do Museu em Fort Worth, no Texas), decidiu mudar o título original

APRESENTAÇÃO E PRÁTICA DE ASPECTO LINGUÍSTICO

AFIXOS

Afixo é uma letra ou grupo de letras que se acrescenta ao começo (prefixo) ou final (sufixo) da raiz de uma palavra para formar novas palavras. Por exemplo, quando a raiz *comfort* é acrescida do prefixo *un-* e do sufixo *-able*, forma-se uma nova palavra: *uncomfortable*.

O conhecimento dos afixos é muito importante porque facilita a identificação de novas palavras e, em consequência, a compreensão durante o processo de leitura. Além disso, possibilita ao leitor ampliar seu vocabulário pessoal.

Veja, a seguir, *alguns* exemplos de prefixos com seus respectivos significados: ***negação***; ***demais/em excesso***; ***menos que o necessário/desejado***; ***erro***:

PREFIXOS			
Negação	**Demais/em excesso**	**Menos que o necessário/desejado**	**Erro**
dis-, il-, im-, ir-, un-	***over-***	***under-***	***mis-***
→ Do you ***dis***approve of advertisements for cigarettes? → Cocaine, LSD and heroin are all ***il***legal drugs. → I had to leave the job because my boss was ***im***possible. → She suffers from an ***ir***regular heartbeat, but there are drugs which help.	→ Children often become tearful when they're ***over***tired. → He looks exhausted: they're ***over***working him. → We all tend to ***over***use certain expressions. → I'm only a few kilos ***over***weight. → If your luggage is ***over***weight, you have to pay extra.	→ Never ***under***estimate your enemy! → What's that kid doing in the bar? He's clearly ***under***age. → They're ridiculously ***under***paid, especially as the work is so dangerous. → Without a jacket or a tie, I felt rather ***under***dressed at their wedding.	→ I thought we had enough plates for the party, but perhaps I ***mis***counted. → Unfortunately, your luggage has been ***mis***directed to a different airport. → She was accused of professional ***mis***conduct when her love affair with a student became public.

Os sufixos, por sua vez, apresentam-se em maior número que os prefixos. Veja, a seguir, alguns exemplos de sufixos e a classe gramatical que sinalizam.

SUFIXOS	
Para formar verbos:	**Para formar advérbios:**
-en; -ify; -ize/-ise	***-ly***
→ My mum gives me so much food I think she wants to fatt***en*** me up. (*fat » fatten*) → Could you simpl***ify*** what've you just said? (*simple » simplify*) → Let's modern***ize*** the kitchen, shall we? (*modern » modernize*)	→ Could you please speak more slow***ly***? (*slow » slowly*) → He lived happi***ly*** with his wife. (*happy » happily*) → Most of these people are paid month***ly***.* (*month » monthly*) → Do you find it difficult to exercise dai***ly***?* (*day » daily*) ***[yearly / monthly / weekly / daily / hourly /nightly** também podem ser classificados como ***adjetivos***, quando se referem a substantivos.]

Para formar substantivos:	Para formar adjetivos:
-ee; -er/-or	***-ly***
→ In our talk show, we try to make interview**ee**s feel as relaxed as possible. (*interview » interviewee*) ***[-ee** indica a pessoa que **sofre** a ação do verbo "interview".] → I wish TV interview**er**s would make politicians answer their questions properly. (*interview » interviewer*) ***[-er** indica a pessoa que ***faz*** a ação do verbo "*interview*".]	→ Folha de Londrina is a dai***ly*** newspaper. (*day » daily*) → At school, we now have month***ly*** tests. (*month » monthly*) → She has a friend***ly*** smile. (*friend » friendly*) → It was a good party and the food was heaven***ly***. (*heaven » heavenly*)
-ation/-ition/-ision	***-al; -able/-ible***
→ It's important for children to get a good educ**ation**. (*educate » education*) → A secretary would be a welcome add***ition*** to our staff. (*add » addition*) → Two drivers were killed in a coll***ision*** between a car and a taxi last night. (*collide » collision*)	→ Britain has more than ten nation***al*** newspapers. (*nation » national*) ***[-al** também pode formar substantivos.] → The house is in a very desir***able*** area of the city. (*desire » desirable*) → They made me an irresist***ible*** offer so we closed the deal. (*resist » irresistible*)
-al; -ity; -ment; -ness; -ship	***-ful; -less***
→ Alan is someone who always needs the approv***al*** of other people. (*approve » approval*) ***[-al** também pode formar adjetivos.] → Her friends take advantage of her generos***ity***. (*generous » generosity*) → What this state needs is really strong govern***ment***. (*govern » government*) → Everyone wants to find true happi***ness***, right? (*happy » happiness*) → Did you form any lasting friend***ship***s while you were at college? (*friend » friendship*)	→ He is a very care***less*** driver, that's why I never ride with him. (*care » careless*) → He had a pain***less*** death. (*pain » painless*) ***[-less** sinaliza ausência: careless » sem cuidado, descuidado; painless » sem dor, indolor] → Be care***ful*** to look both ways when you cross the road. (*care » careful*) → Is your arm very pain***ful***? (*pain » painful*) ***[-ful** sinaliza o **oposto** de *-less*: careful- com cuidado, cuidadoso; painful - com dor, dolorido/doloroso]

(Disponível em:http://dictionary.cambridge.org/)

1 **No diagrama abaixo, encontre os equivalentes em inglês das seguintes palavras:**

não-atraente	infelicidade	co-autor	desonesto	inesquecível
supermercado	governo	imoral	internacional	invisível
psicologia	informação	líder	investimento	poderoso

	1	2	3	4	5	6	7	8	9	10	11	12	13	14	15	16	17	18	19	20
A	U	N	F	O	R	G	E	T	T	A	B	L	E	U	I	O	J	K	G	I
B	D	R	M	A	R	C	O	A	U	T	H	O	R	F	Y	J	V	A	U	N
C	F	A	N	A	T	U	L	L	Y	N	N	O	U	G	U	I	H	G	J	T
D	S	U	P	E	R	M	A	R	K	E	T	Z	N	A	G	H	O	E	L	E
E	D	H	J	D	S	H	F	J	F	H	T	T	H	E	E	T	H	L	L	R
F	G	S	G	T	J	I	U	N	A	T	T	R	A	C	T	I	V	E	F	N
G	H	D	I	M	M	O	R	A	L	T	H	P	P	H	R	N	F	A	A	A
H	F	G	N	G	Y	U	A	R	F	E	U	O	P	J	F	F	D	D	V	T
I	I	N	V	E	S	T	M	E	N	T	J	W	I	K	D	O	S	E	E	I
J	H	L	I	K	F	P	O	D	M	R	K	E	N	X	S	R	H	R	S	O
K	D	P	S	Y	C	H	O	L	O	G	Y	R	E	S	E	M	J	T	D	N
L	V	D	I	S	H	O	N	E	S	T	T	F	S	F	D	A	L	R	G	A
M	H	R	B	X	C	E	S	A	R	X	R	U	S	H	V	T	J	E	Y	L
N	A	E	L	R	Y	H	G	G	K	H	C	L	E	E	R	I	T	J	H	A
O	C	I	E	N	C	I	A	S	Y	E	O	T	R	Y	L	O	N	D	R	E
P	A	D	G	O	V	E	R	N	M	E	N	T	O	N	B	N	Y	R	U	O

2 **Todas as palavras do exercício anterior são compostas de uma raiz + afixo (prefixo/sufixo). Classifique-as conforme a tabela abaixo:**

PREFIXO	RAIZ	SUFIXO
un	attract	ive
super	market	...

3 **Todos os vocábulos sublinhados nos trechos abaixo, retirados do texto, contêm prefixos e/ou sufixos. *Classifique e traduza-os* de acordo com os significados que expressam, utilizando o quadro que segue:**

PREFIXOS: (R) repetição (N) negação
SUFIXOS: (S) substantivo (Ad) Advérbio de modo
(AC) adjetivo na forma comparativa (AS) adjetivo na forma superlativa

- The museum declined to disclose how much it paid for "The Torment of Saint Anthony" ...
- Only four such works (...) by the artist exist, and two of them are unfinished.
- "This is one of the greatest rediscoveries in the history of art"....
- The evidence could not be stronger.
- But some questions about its authenticity had surfaced through the years...
- The painting was kept privately and largely forgotten in the art world, Mr Lee said.
- Last summer an art dealer bought it for nearly $2 million ...

- Experts in the Met's paintings conservation department carefully cleaned it ...
- Museum experts said they determined it not only was Michelangelo's – based on similarities to his other works and the artist's stories of the piece as told to biographers – but also that it was his earliest work – based on its age and details in the painting. The confirmation came a few months ago ...
- Michelangelo's piece has previously been known as "The Temptation of Saint Anthony" because he was inspired by a similar engraving of that name while learning to be an artist.
- "This could not be a rarer object," Mr Lee said.

☐ ***dis***close ____________________

☐ great***est*** ____________________

☐ strong***er*** ____________________

☐ private***ly*** ____________________

☐ deal***er*** ____________________

☐ careful***ly*** ____________________

☐ biograph***er***s ____________________

☐ paint***ing*** ____________________

☐ previous***ly*** ____________________

☐ engrav***ing*** ____________________

☐ ***un***finished ____________________

☐ ***re***discoveries ____________________

☐ authentic***ity*** ____________________

☐ large***ly*** ____________________

☐ conservat***ion*** ____________________

☐ similarit***ies*** ____________________

☐ earli***est*** ____________________

☐ confirm***ation*** ____________________

☐ tempt***ation*** ____________________

☐ rar***er*** ____________________

CONSOLIDAÇÃO

MARCADORES DISCURSIVOS E INFERÊNCIA CONTEXTUAL

1 No texto sobre a descoberta do primeiro trabalho de Michelangelo, o autor utiliza vários marcadores discursivos para melhor organizar as informações apresentadas. Observe os parágrafos a seguir e identifique os marcadores discursivos empregados, bem como as ideias que expressam.

- *Experts in the Met's paintings conservation department carefully cleaned it by removing decades of dirt, as well as paint layers that art restorers had applied through the ages to fill in chips or dull areas, Mr Lee said.*

- *Museum experts said they determined it not only was Michelangelo's – based on similarities to his other works and the artist's stories of the piece as told to biographers – but also that it was his earliest work – based on its age and details in the painting. The confirmation came a few months ago, and then the Kimbell decided to buy it, Mr Lee said.*

- *The generations of dirt and paint build-up had obscured the painting's identity, and some doubted its authenticity because a similar painting existed, Mr Lee added. But an art expert who extensively studied both paintings said the other was done in the 17th century.*

Oposição ______________________________

Causa/consequência ______________________________

Adição ______________________________

Sequência cronológica ______________________________

2 Qual o significado dos vocábulos destacados abaixo?

a The Kimbell Art Museum will soon be the only US museum to **display** a Michelangelo painting after acquiring his earliest known work...

☐ adquirir ☐ exibir ☐ buscar

b ... a rare treasure that was **tucked away** and doubted as authentic for more than a century.

☐ desprezado ☐ emprestado ☐ restaurado

c ... It's **like** a detective story, **like** a mystery, and it involves one of the greatest artists of all time."

☐ gosta ☐ difere ☐ como

d Lee said he may **loan** the painting to other museums later for travelling exhibits.

☐ vender ☐ emprestar ☐ levar

•••

14 SUFIXOS "-ING" E "-ED"

Following the rules

GULF TRAVEL PRESENTS A SEPARATE SET OF CHALLENGES FOR WOMEN.

Sophie Grove

NEWSWEEK, Updated: 1:19 PM ET Apr 12, 2008

Tamara Kosta doesn't usually wear her wedding ring at home in London. But when she's in Oman her conjugal band sends an important message. "Most people in Europe wouldn't notice a wedding ring, but in a traditional society it can make a real difference," says the Lebanese-born shoe designer, who has traveled widely throughout the U.A.E. and Oman. "There is a different set of rules here."

A trip to the Middle East can present some significant challenges for women. "What is viewed as the norm in Western society can be seen quite differently in the Gulf," adds Kosta. "Even an enthusiastic chat can be interpreted the wrong way. You have to remember that these men's wives are covered from head to toe. Try and keep discreet—even at times aloof. It's almost like taking your femininity away, or at least toning it right down. Remember, it's not St-Tropez."

Apart from some supermodern enclaves like Dubai, most of the Middle East is governed by a strict Islamic code that dictates modesty for women. Lone female travelers are unusual in Arabic culture, where the patriarchal family plays a strong role. Some countries, like Bahrain, have specific visa requirements for single women, who are typically viewed with suspicion.

To be sure, travel in the Gulf is relatively safe—personal-crime rates there are among the lowest in the world—and men tend to be respectful toward women. But single women can still elicit unwanted attention. "Men here see such astonishing liberal images of Western women," says Rebecca Stephenson, a British language student in Cairo who has traveled throughout the Middle East. "You are going to get some hassle. Sometimes it's more of a cultural misunderstanding than anything else. My advice is to ignore them. Be firm, of course, but don't engage too much. A hiss or a heckle might make you feel furious but it's best to ignore it rather than get militant; you'll only become more embroiled in an argument."

Jessica Moxam, a British architect living in Doha, agrees. "It might not sit too well with feminists, but I often find that being slightly more submissive than I would be at home helps," she says. "Now, when I travel with my husband I often let him deal with people I don't want to talk to."

To ensure that women travelers have a safe and rewarding trip, experts advise following a few basic guidelines:

DON'T wear short skirts or vest tops. Wear loose-fitting clothes and be sure to cover knees, arms and shoulders. Avoid see-through garments.

DO travel light; the less luggage you have the more mobile and independent you'll be.

DON'T flirt with Gulf men. It might be innocent but can easily be interpreted as something else.

DO learn some Arabic, however minimal. A firm "no" ("*lah*") or "go away" ("*emshi*") can go a long way.

DON'T drink too much. Apart from leaving women vulnerable, drunkenness in public is illegal in most Gulf states—including the U.A.E.—and carries a jail sentence.

DO avoid too much eye contact. In some Gulf states, staring directly at a man is considered flirtatious. Dark glasses can reduce harassment, but be sure to take them off when you speak to people directly. In many cultures, hiding the eyes can be seen as rude.

DO read up on the cultural codes of the country you're visiting. In Saudi Arabia, for instance, it is illegal for women to drive, vote or travel independently without permission from a husband, brother or father. Saudi law stipulates that all women—including foreigners—must wear an abaya.

DON'T get in the front seat of a taxi. You will give the driver the wrong idea.

DO walk with purpose and try to ignore any comments you might hear.

DO try to travel in pairs.

DON'T wander around on your own at night. Always tell a friend, hotel or tour group where you're going.

DO wear a wedding ring. Whether or not you're married, sporting a wedding band can temper male advances. If asked, single women are advised to claim to be married.

*Ver Nota ao Leitor na pág. 183.

(Disponível em: URL: <http://www.newsweek.com/id/131718/ > Acesso em: 17 de outubro 2008.)

FAMILIARIZAÇÃO COM O TEXTO

1 Observando título, subtítulos, legenda e ilustração, descreva o provável assunto do texto.

2 *Skimming:* leia o texto rapidamente, confirme suas previsões e acrescente alguma informação extra que você obteve durante esta primeira leitura.

3 Utilizando seu conhecimento de mundo, responda:
Que país é representado pela sigla UAE? O que você sabe sobre os UAEs? (localização, economia, religião, cultura, tradições, etc.)

4 *Scanning:* localize as seguintes informações no texto:

a as profissões e respectivas nacionalidades de Tamara Kosta , Rebecca Stephenson e Jessica Moxam.

b um país que exige visto especial para mulheres solteiras.

c o significado dos termos árabes "lah" e "emshi".

5 Por que a autora menciona especificamente "*lah*" e "*emshi*" como exemplos de expressões na língua árabe que podem auxiliar a turista ocidental?

6 **O que a autora quer dizer com a expressão: "*Remember, it´s not St-Tropez.*"? (linhas 11-12)**
*** Ver Nota ao Leitor na pág. 184.** ______

7 **Na parte final do texto, a autora inicia as orações com "*DO*" e "*DON´T*" em negrito e caixa alta. Por quê?**

8 **Releia rapidamente os "*DOs*" e "*DON'Ts*" listados pela autora, e cite quatro que mais lhe chamaram a atenção.**

9 **Tamara, Rebecca e Jessica são citadas no texto porque já viajaram pelo Oriente Médio. Releia os trechos abaixo e resuma em uma frase os conselhos que cada uma delas dá às mulheres que pretendem passar pela mesma experiência:**

Tamara: "Even an enthusiastic chat can be interpreted the wrong way. You have to remember that these men's wives are covered from head to toe. Try to keep discreet – even at times aloof. [...]"

Rebecca: "Sometimes it's more of a cultural misunderstanding than anything else. My advice is to ignore them. Be firm, of course, but don't engage too much. A hiss or a heckle might make you feel furious but it's best to ignore it rather than get militant; you'll become more embroiled in an argument."

Jessica: "It might not sit too well with feminists, but I often find that being slightly more submissive than I would be at home helps."

APRESENTAÇÃO E **PRÁTICA** DE ASPECTO LINGUÍSTICO

SUFIXOS *-ING* E *-ED*

NA UNIDADE ANTERIOR (sobre afixos), você pôde observar que o acréscimo de prefixos e/ou sufixos a palavras de determinadas classes gramaticais leva à formação de palavras de outras classes gramaticais. Por exemplo: o verbo *to teach*, quando acrescido do sufixo *-er* transforma-se no substantivo *teacher*.

Os sufixos *-ing* e *-ed* pelo fato de possibilitarem a formação de diversas classes gramaticais, são aqui tratados separadamente dos outros afixos. Veja, a seguir, a função gramatical dos termos que recebem esses sufixos:

-ING

Gerúndio, quando precedido do verbo **to be**.

Exemplo:

He is work**ing** hard on his project.

A: Hello. Can I talk to Linda? B: Sorry but she´s tak**ing** a shower

A: What´s happen**ing**? B: They´re hav**ing** a party.

Substantivo, quando precedidos de adjetivo, advérbio ou artigo e, em alguns casos, quando iniciam orações.

Exemplos:

Nurs**ing** is hard work, but it can be very fulfilling.

Lasers provide good quality print**ing**.

It's your turn to do the clean**ing**.

It was a bless**ing** that no one was killed in the accident.

Book**ing**s are still available for that flight.

Infinitivo, quando complementam a ideia expressa pelo verbo anterior, quando sucedem uma preposição, ou quando são o sujeito da oração.

Exemplos:

I stopped smok**ing** last year.

She had difficulty in accept**ing** his explanation.

Drink**ing** and driv**ing** is dangerous.

Observação: a preposição ***by*** foge à regra acima. Na verdade, ela funciona apenas como sinalizador de que o trecho que vem logo em seguida é uma explicação de como algo ocorre. Nesses casos, a preposição ***by*** pode simplesmente ser ignorada, e a palavra que a sucede pode ser entendida como gerúndio.

Exemplo:

He learnt English **by listening** to the radio. (Ele aprendeu inglês **ouvindo** o rádio.)

Adjetivo, quando fazem referência a um substantivo.

Exemplos:

That girl has a promis**ing** future.

Is there a shop round here that sells camp**ing** equipment?

I didn´t find the end of the film very convinc**ing**.

The doctor told me to change my drink**ing** habits.

-ED

Passado (pretérito), quando são o verbo da oração.

Exemplos:

He work**ed** hard on his project.

We watch**ed** a great film on TV last Saturday.

Adjetivo, quando se referem a um substantivo.

Exemplos:

A balanc**ed** diet is essential for good health.

Do you prefer cann**ed** or bottl**ed** beer?

I had a very civiliz**ed** conversation with your mother.

This newspaper is made of recycl**ed** paper.

Particípio, quando acompanham os verbos **to be** ou **to have**.

Exemplos:

This financial crisis means that the government´s economic policy is finish**ed** (=destroyed).

Some people are influenc**ed** by strange factors.

Although she had studi**ed** a lot for the test, she didn´t do well in it.

Com base nas informações apresentadas, identifique as funções das palavras em negrito, observando o contexto, e traduza os trechos abaixo, todos retirados do texto "Following the Rules". (**As linhas estão indicadas entre parênteses.**)

a "Most people in Europe wouldn't notice a **wedding** ring, [...]." (linhas 2-3)

b "What is **viewed** as the norm in Western society can be seen quite differently in the Gulf." (linhas 7-8)

c "But single women can still elicit **unwanted** attention." (linhas 19-20)

d "Sometimes it's more of a cultural **misunderstanding** than anything else." (linhas 22-23)

e "[...] you'll only become more **embroiled** in an argument." (linhas 25-26)

f "In many cultures, **hiding** the eyes can be seen as rude." (linha 44)

g "Do read up on the cultural codes of the country you´re **visiting**." (linha 45)

h "Whether or not you're **married**, **sporting** a **wedding** band can temper male advances." (linhas 54-55)

CONSOLIDAÇÃO

GRUPOS NOMINAIS E AFIXOS

1 Sublinhe os grupos nominais e circule seus respectivos núcleos nos trechos abaixo, retirados do texto. Em seguida, dê o correspondente em português das expressões sublinhadas:

a Gulf travel presents a separate set of challenges for women.

b Apart from some supermodern enclaves like Dubai, most of the Middle East is governed by a strict Islamic code that dictates modesty for women.

c Some countries, like Bahrain, have specific visa requirements for single women.

d To ensure that women travelers have a safe and rewarding trip, experts advise following a few basic guidelines.

2 Analise as palavras em negrito abaixo e classifique-as em substantivos, adjetivos e advérbios. Em seguida, traduza-as.

a Lone female **travelers** are **unusual** in Arabic culture [...]

b [...] and men tend to be **respectful** toward women. But single women can still elicit **unwanted** attention.

c Apart from leaving women **vulnerable**, **drunkenness** in public is **illegal** in most Gulf states [...]

d In some Gulf states, staring **directly** at a man is considered **flirtatious**. Dark glasses can reduce **harassment** [...]

•••

15 GRAU DE ADJETIVOS E ADVÉRBIOS

Your Amazing Brain

TEXT BY DOUGLAS A. RICHARDS

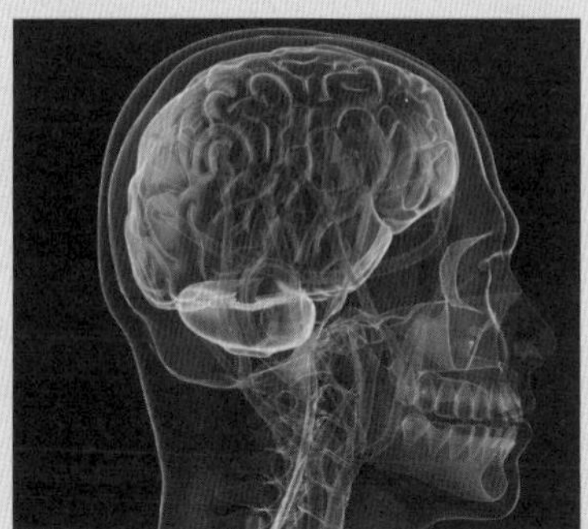
Your brain controls everything you do.

You carry around a three-pound mass of wrinkly material in your head that controls every single thing you will ever do. From enabling you to think, learn, create, and feel emotions to controlling every blink, breath, and heartbeat—this fantastic control center is your brain. It is a structure so amazing that a famous scientist once called it "the most complex thing we have yet discovered in our universe."

→ **Your brain is faster and more powerful than a supercomputer.**

Your kitten is on the kitchen counter. She's about to step onto a hot stove. You have only seconds to act. Accessing the signals coming from your eyes, your brain quickly calculates when, where, and at what speed you will need to dive to intercept her. Then it orders your muscles to do so. Your timing is perfect and she's safe. No computer can come close to your brain's awesome ability to download, process, and react to the flood of information coming from your eyes, ears, and other sensory organs.

→ **Your brain generates enough electricity to power a lightbulb.**

Your brain contains about 100 billion microscopic cells called neurons—so many it would take you over 3,000 years to count them all. Whenever you dream, laugh, think, see, or move, it's because tiny chemical and electrical signals are racing between these neurons along billions of tiny neuron highways. Believe it or not, the activity in your brain never stops. Countless messages zip around inside it every second like a supercharged pinball machine. Your neurons create and send more messages than all the phones in the entire world. And while a single neuron generates only a tiny amount of electricity, all your neurons together can generate enough electricity to power a low-wattage bulb.

→ Neurons send information to your brain at more than 150 miles (241 kilometers) per hour.

A bee lands on your bare foot. Sensory neurons in your skin relay this information to your spinal cord and brain at a speed of more than 150 miles (241 kilometers) per hour. Your brain then uses motor neurons to transmit the message back through your spinal cord to your foot to shake the bee off quickly. Motor neurons can relay this information at more than 200 miles (322 kilometers) per hour.

→ When you learn, you change the structure of your brain.

Riding a bike seems impossible at first. But soon you master it. How? As you practice, your brain sends "bike riding" messages along certain pathways of neurons over and over, forming new connections. In fact, the structure of your brain changes every time you learn, as well as whenever you have a new thought or memory.

→ Exercise helps make you smarter.

It is well known that any exercise that makes your heart beat faster, like running or playing basketball, is great for your body and can even help improve your mood. But scientists have recently learned that for a period of time after you've exercised, your body produces a chemical that makes your brain more receptive to learning. So if you're stuck on a homework problem, go out and play a game of soccer, then try the problem again. You just might discover that you're able to solve it.

(Disponível em: <http://kids.nationalgeographic.com/Stories/SpaceScience/Brain>. Acesso em 06/07/2009)

FAMILIARIZAÇÃO COM O TEXTO:

1 Observando a ilustração e o título, descreva o que você pode antecipar sobre o conteúdo do texto.

2 **Utilizando a estratégia *skimming*, faça uma leitura rápida do texto e confirme ou descarte suas hipóteses. Em seguida, descreva a ideia geral do mesmo.**

____

____

3 **Observe o layout do texto. A apresentação difere de outros textos vistos anteriormente? Em sua opinião, esse *layout* favorece a compreensão do texto?**

____

____

4 **Utilize a estratégia *scanning* para localizar as seguintes informações:**

1º Parágrafo
O peso do cérebro: ______________________________

2º Parágrafo
Os órgãos que passam informação ao cérebro: ______________________________

3º Parágrafo
O número aproximado de neurônios no cérebro: ______________________________

4º Parágrafo
Os neurônios podem retornar a informação para o pé à velocidade de: ______________________________

6º Parágrafo
As atividades físicas que podem facilitar a aprendizagem: ______________________________

5 **Após ler o texto mais detalhadamente, responda as perguntas a seguir:**

a No 1º. parágrafo, o autor ressalta a incrível capacidade do cérebro em controlar tudo o que fazemos. Ao concluir, como ele define o cérebro?

____

____

b No 2º. e 3º. parágrafos, para melhor ilustrar o funcionamento do cérebro, o autor compara o mesmo a três objetos de nosso conhecimento. Quais são eles?

____

____

c No 5º. parágrafo, o autor afirma que a estrutura do cérebro muda. Em que circunstância isso acontece?

____

____

6 Numere as orações abaixo de acordo com a sequência descrita no 4º. parágrafo:

a ☐ Utilizando neurônios motores, o cérebro transmite a mensagem de volta através da medula espinhal.

b ☐ Um inseto pousa em nosso pé.

c ☐ O cérebro processa a informação e reage.

d ☐ Em resposta ao comando do cérebro, o pé movimenta-se para afugentar o inseto.

e ☐ Neurônios sensoriais passam a informação à medula espinhal e esta ao cérebro.

APRESENTAÇÃO E PRÁTICA DE ASPECTO LINGUÍSTICO

COMPARATIVOS E SUPERLATIVOS

Reconhecer comparativos e superlativos permite ao leitor perceber como o autor estabelece comparações (de igualdade, superioridade ou inferioridade) entre os elementos expressos no texto.

Observe as palavras em negrito na oração que precede o 2º parágrafo do texto:

*Your brain is **faster** and **more powerful** than a supercomputer.*

Quando comparamos duas pessoas, objetos, ações, eventos, conceitos, etc. e dizemos que um é superior ou inferior (*less*) ao outro em relação a uma qualidade, usamos o adjetivo em sua forma comparativa. No exemplo citado, a forma comparativa do adjetivo **fast** tem o sufixo **-er** e o adjetivo **powerful** é precedido por **more**.

Agora observe a última oração do 1º. parágrafo:

*"It is a structure so amazing a famous scientist once called it "**the most complex** thing we have yet discovered in our universe."*

A construção em negrito é a forma superlativa do adjetivo **complex**. O superlativo é usado quando destacamos uma pessoa, objeto, ação, evento, conceito, etc. como superior ou inferior (*the least*) a todos os outros do mesmo grupo. No exemplo do texto, o adjetivo **complex** é precedido por **the most**.

Veja a forma comparativa e superlativa de adjetivos e advérbios, a seguir:

FORMA COMPARATIVA E SUPERLATIVA DE ADJETIVOS/ADVÉRBIOS

Adjetivos/advérbios curtos: acrescente os sufixos **-er** (comparativo) e -**est** (superlativo)

ADJETIVO/ADV.	COMPARATIVO	SUPERLATIVO
tall	taller	(the) tallest
early	earlier	(the) earliest
hot	hotter	(the) hottest

Exemplos: *Size really doesn't matter: Analysis of theoretical physicist Albert Einstein's brain revealed that it was slightly **smaller** than the average human brain.*
*The **quickest** solution to deforestation would be to simply stop cutting down trees.*

Adjetivos/advérbios longos: use **more + adj./adv.** (comparativo) e **most + adj./adv.** (superlativo)

ADJETIVO/ADV.	COMPARATIVO	SUPERLATIVO
interesting	more interesting	(the) most interesting
easily	more easily	(the) most easily

Exemplos: *Healthy lifestyles are **more influential** than genetic factors in avoiding deterioration traditionally associated with aging.*
*Learning occurs **most easily** when learners feel comfortable.*

Formas irregulares:

ADJETIVO	COMPARATIVO	SUPERLATIVO
good	better	(the) best
bad	worse	(the) worst
far	farther	(the) farthest
little	less	(the) least
much/many	more	(the) most

Exemplos: *Leading scientists warn that global warming is **worse** than predicted.*
*Vegetables and fruit are two of **the best** foods known to man.*

Construções comparativas de inferioridade são formadas com **less** (comparativo) e **least** (superlativo).

ADJETIVO	COMPARATIVO	SUPERLATIVO
colorful	less colorful	(the) least colorful
happy	less happy	(the) least happy

Exemplos: *A fund was established to support a work program to assist **less developed** countries.*
*Lethal injection is **the least cruel** of five methods employed in US*

As formas comparativas tornam-se mais enfáticas quando precedidas de **much/far:** *much bigger, far more expensive, much less satisfied.*

Exemplo:

The technology (DNA fingerprinting) is **far more specific** than earlier tests of antibodies in blood or semen.

Construções comparativas de igualdade são formadas com **as .... as**.

Exemplo:

She is **as tall as** her brother but not **as intelligent as** he is.

Observe a construção com dois comparativos. Nós a usamos quando queremos dizer que uma coisa depende de outra.

Exemplos:

When shall we leave? **The sooner the better**.

The longer I waited **the more impatient** I became.

Agora, identifique as formas comparativas/superlativas de adjetivos nos trechos abaixo:

a Exercise helps make you smarter.

It is well known that any exercise that makes your heart beat faster, like running or playing basketball, is great for your body and can even help improve your mood. But scientists have recently learned that for a period of time after you've exercised, your body produces a chemical that makes your brain more receptive to learning.

____

____

b The world's largest river in watershed area, number of tributaries and volume of water discharged, the Amazon has only one rival as the world's longest: the Nile.

____

____

c The river's watershed includes the world's largest and wettest tropical plain.

____

____

d The canopy shelters the Earth's richest and most diverse ecosystem.

____

____

e In 2008 the performance of the economy was less satisfactory than in the previous year.

____

____

CONSOLIDAÇÃO

REFERÊNCIA PRONOMINAL E GRUPOS NOMINAIS

1 Em todo o texto, "Your Amazing Brain", o autor usa o pronome *you*. Observe, por exemplo, a 1ª linha:

You carry around a three-pound mass of wrinkly material in your head that controls every single thing *you* will ever do.

A quem o autor se refere?____

2 Em sua opinião, que efeito a escolha desse pronome pode ter para o leitor?

____

____

3 A que/quem se referem as palavras em negrito nos trechos transcritos abaixo:

a Segmento extraído do texto: Your Amazing Brain

Your kitten is on the kitchen counter. **She**'s about to step onto a hot stove. **You** have only seconds to act. Accessing the signals coming from your eyes, your brain quickly calculates when, where, and at what speed you will need to dive to intercept **her**. Then **it** orders your muscles to do so. Your timing is perfect and **she**'s safe.

She: ________________ You: ________________ Her: ________________

It:: ________________ She: ________________

b Segmentos extraídos do texto "Following the Rules" (Unidade 14)

"Most people in Europe wouldn't notice a wedding ring, but in a traditional society **it** can make a real difference," says the Lebanese-born shoe designer, **who** has traveled widely throughout the U.A.E. and Oman. "There are a different set of rules here."

It:: ________________________ who: ________________________

Dark glasses can reduce harassment, but be sure to take **them** off when you speak to people directly.

Them: ____

"Now, when I travel with my husband I often let **him** deal with people I don't want to talk to."

Him: ____

4 Sublinhe os grupos nominais e circule seus respectivos núcleos nos trechos extraídos do texto "*Your Amazing Brain*":

No computer can come close to your brain's awesome ability to download, process, and react to the flood of information coming from your eyes, ears, and other sensory organs.

Whenever you dream, laugh, think, see, or move, it's because tiny chemical and electrical signals are racing between these neurons along billions of tiny neuron highways. Believe it or not, the activity in your brain never stops. Countless messages zip around inside it every second like a supercharged pinball machine.

•••

16 FORMAS VERBAIS I

The 26 major advantages

to reading more books and why 3 in 4 people are being shut out of success

By Brad Isaac on December 5, 2007

I read an Associated Press-Ipsos poll revealing that 1 in 4 adults read no books last year. Yes, that's 25% of the adults out there are reading **zero** books. This is sad.

I knew intuitively the number of books read each year had gone down but to zero? Ridiculous!

And what about the adults who are reading more than zero books a year? How many are they reading in all? One? Five? Actually, the same poll reveals the average adult reads only four books per year. Half of those people read less than four.

If you are one of the non-book readers who feels you *"don't need no stinking books"*, here are 26 great reasons to start the habit...before you are left behind!

1 Reading is an active mental process: Unlike TV, books make you to use your brain. By reading, you think more and become smarter.

2 It is a fundamental skill builder: Every good course on the planet has a matching book to go with it. Why? Because books help clarify difficult subjects. Books provide information that goes deeper than just classroom discussion.

3 Improves your vocabulary: Remember in elementary school when you learned how to infer the meaning of one word by reading the context of the other words in the sentence? You get the same benefit from book reading. While reading books, especially challenging ones, you will find yourself exposed to many new words you wouldn't be otherwise.

4 Gives you a glimpse into other cultures and places: What is your favorite vacation spot? I would bet you read a lot about that destination. The more information the better. Books can expand your horizons by letting you see what other cities and countries have to offer before you visit them.

5 Improves concentration and focus: Like I pointed out before, reading books takes brain power. It requires you to focus on what you are reading for long periods. Unlike magazines, Internet posts or e-Mails that might contain small chunks of information, books tell the whole story. Since you must concentrate in order to read, like a muscle, you will get better at concentration.

6 Builds self-esteem: By reading more books, you become better informed and more of an expert on the topics you read about. This expertise translates into higher self esteem. Since you are so well read, people look to you for answers. Your feelings about yourself can only get better.

7 Improves memory: Many studies show if you don't use your memory, you lose it. Crossword puzzles are an example of a word game that staves off Alzheimer's. Reading, although not a game, helps you stretch your *memory muscles* in a similar way. Reading requires remembering details, facts and figures and in literature, plot lines, themes and characters.

8 Gives you something to talk about: Have you ever run out of stuff to talk about with your best friend, wife or husband? This can be uncomfortable. It might even make married couples wonder if their marriage is in trouble. However, if you read a lot of books, you'll always have something to talk about. You can discuss various plots in the novels you read, you can discuss the stuff you are learning in the business books you are reading as well. The possibilities of sharing are endless.

9 You'll discover surprises: As you read more books as a source of information, you'll learn stuff you weren't looking for. I've read many great quotes on life and love by reading books on marketing. I've learned facts about biology from reading about chemistry. Heck, I've picked up some facts about history while reading about programming. Since so many subjects intertwine it's almost impossible not to learn something other than the book's subject.

10 Can change your life: How many times have you heard of a book changing someone's life? For me, it was Your Erroneous Zones **(link)** by Wayne Dyer – which is the first self-development book I read. It opened my eyes to a whole new way of thinking that was not depressing and dull. It was the first step in my path of choosing my own life and being free of old habitual thought patterns.

11 Can help break a slump: Being in a slump is uncomfortable. If you are a writer, you call it writer's block. If you are a salesperson, it's called – not making a sale in 23 days. But a slump can be a crossroads. It might be you are wavering on your commitment to a particular project or (with marriage) person. Or a slump can be simply a lack of new ideas. Books are a great source of ideas, big and small. So if you find yourself in a slump, pick a book on the portion of your life you are slump-ing and get to reading!

12 Reduces stress: Many avid readers (including me) unwind by reading. Compared with the person who gets home from work and immediately turns on the TV news, you are going from work stress to crime stress. But it's not just news. TV as a source of relaxation is too full of loud commercials and fast moving (often violent) images. If relaxation is something you want, turn off the TV or computer and pick up a book.

13 You'll make more money: If you make a serious effort to read in your chosen career, your expertise in that specialty will increase. As you become more specialized and learned, you join a smaller group of more qualified people. By being part of the small few with the highest level knowledge your pay will increase. It's simple supply and demand.

14 The book is always better than the movie: except for perhaps *No Country for Old Men.* ☺
* Ver Nota ao Leitor na pág. 187.

Texto editado. (Versão original disponível em: <http://www.persistenceunlimited.com/2007/12/the-26-major-advantages-to-reading-more-books-and-why-3-in-4-people-are-being-shut-out-of-success/>. Acesso em: 18 agosto 2009.)

FAMILIARIZAÇÃO COM O TEXTO

1 Observe o título, a gravura e os itens numerados (em negrito). Em seguida, descreva em poucas palavras o provável assunto do texto.

____

____

____

2 As frases abaixo contêm informações apresentadas pelo autor do texto. Enumere-as de 01 a 14, de acordo com o tópico a que se referem.

a ☐ Com a leitura, você aprofunda seu conhecimento sobre vários assuntos. Tal fato contribui para aumentar seu amor próprio/sua auto-confiança, pois as pessoas passam a solicitar sua opinião em questões diversas.

b ☐ O hábito da leitura possibilita maior desenvoltura nas conversas/bate-papos, já que amplia o leque de assuntos que você conhece e pode discutir.

c ☐ A prática da leitura torna seu cérebro mais ágil.

d ☐ Ler um livro é muito mais interessante do que ver o filme (produzido a partir do mesmo livro).

e ☐ A leitura ajuda a relaxar depois de um dia estressante de trabalho.

f ☐ Você sempre aprende algo novo, não necessariamente relacionado ao assunto do livro que está lendo.

g ☐ Você passa a se expressar melhor, pois a leitura amplia o léxico pessoal de cada leitor.

h ☐ A leitura possibilita obter informações sobre outros lugares/países, etc.

i ☐ Você passa a se lembrar de detalhes/fatos com mais facilidade, pois a leitura envolve um grande número de informações que precisam ser absorvidas pelo leitor.

j ☐ Os livros são requisito essencial de qualquer curso porque possibilitam aprofundar (e muitas vezes entender com maior clareza) assuntos discutidos em sala de aula.

k ☐ Através da leitura, você passa a enxergar o mundo de forma diferente.

l ☐ Com a leitura direcionada à sua carreira profissional, você tem condições de se tornar mais qualificado e, com isso, melhor remunerado.

m ☐ Os livros são uma fonte inesgotável de ideias; portanto, um antídoto excelente nos períodos de baixa produtividade (em que nos sentimos bloqueados, sem ação).

n ☐ Por serem em geral mais extensos que revistas ou matérias da Internet, os livros exigem maior concentração. Tal fato reverte positivamente para o leitor, que passa a se concentrar por períodos mais longos.

3 Quais das vantagens listadas pelo autor você considera mais importantes? Justifique sua resposta.

____

____

____

____

4 O parágrafo abaixo traz estatísticas do hábito de leitura em alguns países. Qual a posição do Brasil em relação aos países citados? Em sua opinião, por que isso acontece?

On the average, a Brazilian reads less than 2 books per year; 1.8 books per year, to be exact. Colombians read 2.4 books per year, the English read 4.9 books per year, Americans read 5.1 books per year and the French read an average of 7 books per year.

(Disponível em: <http://www.brazzilmag.com/content/view/299/2/>. Acesso em: 19 agosto 2009.)

____

____

____

APRESENTAÇÃO E PRÁTICA DE ASPECTO LINGUÍSTICO

TEMPO PRESENTE (SIMPLES E PERFEITO)

NO PROCESSO DE LEITURA, os verbos têm grande importância para a compreensão. Na oração, são eles que exprimem *ação* (pular, correr, fazer, etc.) ou *estado* (ser, estar, morar, etc.).

De fato, a estrutura sintática das frases fica bem mais clara quando somos capazes de identificar seu(s) verbo(s). Com base nele(s), podemos também em geral localizar o *sujeito* (que normalmente precede o verbo e determina quem ou o que pratica a ação) e o *objeto* ou *complemento* (que costumam vir após o verbo e complementam a ideia expressa por ele).

Os verbos também são essenciais para estabelecer o tempo em que se dá a ação (presente, passado ou futuro). Conhecer os tempos verbais nos possibilita entender com maior clareza as ideias expressas pelo autor, uma vez que conseguimos situar a ação no tempo em que é descrita. Observe agora as descrições dos tempos verbais *presente simples* e *presente perfeito*. (Para conhecer os outros tempos verbais, vá aos Anexos, página 145).

O **Presente Simples** é formado do infinitivo do verbo, sem a partícula 'to'. A terceira pessoa do singular (*he/she/it*) recebe -S, -ES ou -IES, dependendo da forma do verbo.
Exemplos: *play – plays; catch – catches; study – studies.*

Geralmente, refere-se a:

→ fatos imutáveis.
Exemplo:
*Water **boils** at 100 degrees Celsius.*

→ ações/situações habituais.
Exemplos:
*My sister **goes** to work at 7:30 am.*
*British people **drink** a lot of tea.*

→ estados.
Exemplo:
*My father **lives** in Italy.*

→ opiniões e sentimentos.
Exemplo:
*I **don't like** science-fiction films.*

Pode também ser utilizado:

→ para indicar o tempo futuro, especialmente quando precedido por *if* e conjunções de tempo (*when, while, before, after, etc.*), ou quando se referir a horários regulares de trens, ônibus ou vôos.
Exemplos:
*I'll be glad if it **rains** soon.*
*What are you going to do when you **leave** school?*
*The train **arrives** at 7:45.*

→ em resenhas de livros e filmes, bem como em resumos de acontecimentos históricos.
Exemplos:
*May 1945: The war in Europe **comes** to an end.*
*At the end of the play both families **realise** that their hatred had caused the death of the lovers.*

→ em narrativas informais (para torná-las mais dramáticas e/ou reais).
Exemplo:
*"So I **open** the door, and I **look** out into the garden, and what do I **see**? A man wearing a pink shirt and a policeman's helmet."*

Por sua vez, o **Presente Perfeito Simples** é formado da junção do verbo **have/has** (que funciona como verbo auxiliar) com o **particípio passado do verbo principal**.
Exemplos:
I ***have finished****.*
She ***hasn't arrived****.*

Pode fazer referência a:
• acontecimentos recentes, sem indicação explícita de tempo.
Exemplos:
*I can't go on holiday because I'****ve broken*** *my leg.*
According to latest reports, government forces ***have pushed*** *back the rebels and* ***retaken*** *the town.*
*I'****ve*** *just* ***seen*** *Mary.*

• acontecimentos num tempo indefinido no passado.
Exemplos:
*I'****ve travelled*** *a lot in America.*
Jim ***has had*** *three car accidents.*
Paul ***has*** *never* ***read*** *"War and Peace".*

• acontecimentos num tempo indefinido no passado, com conseqüências no presente.
Exemplos:
*I'****ve twisted*** *my ankle. (That's why I'm limping.)*
I ***have bought*** *myself a car. (That's why I am always on time for classes now.)*

• situações que tiveram início no passado e continuam até o momento presente.
Exemplos:
*I'****ve lived*** *here for the past 10 years.*
We ***have had*** *this flat since 1985.*

No texto "*The 26 Major Advantages to Reading More Books...*", o autor utiliza o tempo presente (simples e perfeito) diversas vezes para expor as razões pelas quais o leitor deve adotar o hábito da leitura.

1 Observe os trechos a seguir, retirados do texto, e sublinhe os verbos nos tempos presente simples e presente perfeito. (Os tópicos de onde eles foram extraídos estão indicados entre parênteses).

a By reading, you think more and become smarter. (1)

b Books provide information that goes deeper than just classroom discussion. (2)

c You get the same benefit from book reading. (3)

d ... reading books takes brain power. It requires you to focus on what you are reading for long periods. (5)

e This expertise translates into higher self-esteem. (6)

f Many studies show if you don't use your memory, you lose it. (7)

g Have you ever run out of stuff to talk about with your best friend, wife or husband? (8)

h I've learned facts about biology from reading about chemistry. (9)

i How many times have you heard of a book changing someone's life? (10)

j As you become more specialized and learned, you join a smaller group of more qualified people. (13)

CONSOLIDAÇÃO

MARCADORES DISCURSIVOS E GÊNERO TEXTUAL

1 Localize os marcadores discursivos contidos nos trechos abaixo, extraídos do texto. Em seguida, indique as ideias que eles expressam (*adição*; *contraste*; *causa/consequência*; *tempo*; *sequência cronológica*; *exemplificação*; *ênfase*; *comparação*; *conclusão*).

a Actually, the same poll reveals the average adult reads only four books per year.

____

b (...) here are 26 great reasons to start the habit ... before you are left behind!

____

c While reading books (...), you will find yourself exposed to many new words you wouldn't otherwise. ...

____

d Unlike magazines, Internet posts or e-Mails that might contain small chunks of information, books tell the whole story.

____

e Since you are so well read, people look to you for answers.

____

f Reading, although not a game, helps you stretch your memory muscles in a similar way.

____

g Have you ever run out of stuff to talk about with your best friend, wife or husband? (...) However, if you read a lot of books, you'll always have something to talk about.

____

h Books are a great source of ideas, big and small. So if you find yourself in a slump, pick a book (...) and get to reading!

____

2 **No texto "*The 26 major advantages to reading more books...*", o autor Brad Isaac adota um estilo bastante informal para apresentar suas ideias. Releia a introdução e os tópicos 9 e 14, e indique as marcas que denotam essa informalidade.**

____

____

____

____

•••

17 FORMAS VERBAIS II

The shame of drink-driving

By Mario Cacciottolo
BBC NEWS

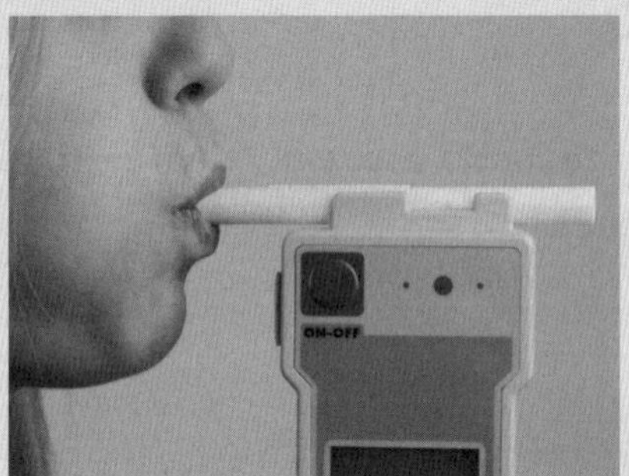

Police test Tube users to show the morning-after effect

The Christmas anti-drink drive campaign is in full swing, but there will always be those who think they can get away with it. Beyond the points, the driving ban and the criminal record, how do those caught handle the shame?

Another Christmas, another warning about getting behind the wheel while under the influence of alcohol.

The theme of the 2007 campaign is that a conviction can ruin a driver's life. "That pint could come between you and Christmas" is the slogan.

The criminal record and driving ban are automatic and for those who rely on their cars that can be punishment enough. But what about the stigma and the shame?

Claire, a 27-year-old care co-ordinator from Torquay in Devon, found that being convicted even affected her relationship with her mother.

"She made me feel really, really bad. She didn't want to see me and shut the door in my face and told me to go away. That was the worst feeling ever."

Claire, which is not her real name, says the incident that changed her life came at the end of a "rubbish" day at work last year, close to the anniversary of her grandmother's death.

She began drinking a bottle of wine at home and then went into town to continue drinking, but on the way she hit a parked car, failed a breath test and spent a night in a police cell.

"That was lonely and horrendous. You feel very bad about yourself," she says.

→ Lessons

"It gives you time to think things over and how you could have killed someone. You feel embarrassed because you don't think you could even end up in a cell."

She was given a £300 fine and a 16-month driving ban. The ban was reduced to a year because she signed up for a course with the Devon Driving Course run by Devon County Council, which aims to educate drink-drivers about their crime.

The court case meant she had to tell her parents the truth and endure her mother's cold shoulder, having previously told her the accident had not been her fault.

I don't want people to make the same mistakes as I did. People's silence and the looks on their faces says it all. It makes you never want to do anything so stupid again."

She learnt many things from the £145 course but among them was the fact her shame, criminal record and costs could have been avoided had she paid £20 for a taxi.

(Disponível em: <http://news.bbc.co.uk/2/hi/uk_news/magazine/7130944.stm>. Acesso em: 22 agosto 2009.)

FAMILIARIZAÇÃO COM O TEXTO

1 Observando o título, a figura e o parágrafo introdutório de modo especial, leia o texto rapidamente e descreva o assunto do mesmo em uma sentença.

____

____

____

____

2 *Scanning*: volte ao texto para localizar as informações abaixo:

a tema da campanha natalina de 2007 - ______________________________

b nome (fictício), idade e profissão da motorista condenada por dirigir embriagada - ______________________________

c fatos que levaram à sua condenação - ______________________________

d punição recebida - ______________________________

e lição aprendida pela motorista - ______________________________

3 Ao longo do texto, o autor apresenta algumas informações entre aspas. Identifique as razões para a utilização de tal recurso nas orações abaixo, retiradas do texto:

(**a**) discurso direto

(**b**) ênfase a um trecho da oração

(**c**) indicação de gíria, expressão não-pertencente à norma culta

☐ "That pint could come between you and Christmas" is the slogan. (Obs: *pint* = medida que equivale a aproximadamente ½ litro de cerveja: 0,47 litros nos EUA e 0,57 litros na Grã-Bretanha)

☐ Claire (...) says the incident that changed her life came at the end of a "rubbish" day at work last year, close to the anniversary of her grandmother's death. ...

☐ "That was lonely and horrendous. You feel very bad about yourself," she says.

4 **Vocabulário. No texto, o autor emprega uma série de expressões para apresentar e discutir os temas *"álcool e direção" (A/D)* e *"punição" (P)*. Observe as expressões abaixo e classifique-as segundo o campo semântico ao qual pertencem.**

☐ anti-drink drive campaign
☐ a conviction can ruin a driver's life
☐ people's silence and the looks on their faces
☐ to get behind the wheel under the influence of alcohol
☐ to spend the night in a police cell
☐ to hit a parked car
☐ to fail a breath test
☐ to sign up for a £145 course

☐ drink-drivers
☐ the stigma and the shame
☐ a £300 fine
☐ costs
☐ court case
☐ points
☐ a 16-month driving ban
☐ criminal record

APRESENTAÇÃO E PRÁTICA DE ASPECTO LINGUÍSTICO

PASSADO SIMPLES

Formado por verbos regulares (-ed ou -d) ou irregulares (que têm forma própria). Exemplos: to play – played; to joke – joked; to write – wrote; to take – took.

Geralmente, é utilizado para descrever:

• ações concluídas

*I **lived** in London until I was fourteen.*

*He **walked** into the bar and **ordered** a vodka and tonic.*

• hábitos passados

*Every day I **went** to the park.*

*When I was a child we always **went** to the seaside in August.*

• estados passados

*In those days, I **didn't like** reading.*

Em alguns tipos de oração, o verbo na forma passada pode também ser utilizado para fazer referência ao presente ou futuro.

Exemplos:

*If I **had** the money now, I'd buy a car.*

*Suppose we **spent** next weekend in Brighton?*

A estrutura **used to + infinitive** também pode ser utilizada em referência ao tempo passado, mas somente para descrever hábitos e situações/estados, nunca ações isoladas – nesse último caso, usa-se o passado simples. Compare estes exemplos:

*I **used to play** tennis a lot (but I don't play very often now).*

*I **played** tennis last weekend.*

*I **used to think** he was unfriendly (but now I realize he's a very nice person).*

*I **thought** he was very rude to her over dinner last night.*

VOZ PASSIVA

Formada pela junção do verbo **TO BE** (em tempos verbais diversos) com o **particípio passado do verbo principal**.

É utilizada quando:

• não se quer assumir a responsabilidade por determinada ação.

*The matter **will be clarified** soon.*

*It **has been decided** to reduce all salaries by 10%.*

• o enfoque está no acontecido, e não no autor.

*That bank **was robbed** yesterday.*

*Every year, many new students **are admitted** to UEL.*

• quer-se evitar sujeitos vagos (tais como alguém, ninguém, todos, eles, etc.)

*The form **has to be signed**.*

*English **is spoken** here.*

*Coke **is drunk** all over the world.*

A voz passiva é muito utilizada na escrita acadêmica e científica, em que a ênfase normalmente está nos acontecimentos e processos, e não nas pessoas envolvidas.

Veja a seguir alguns exemplos de voz passiva em tempos verbais diversos:

PRESENTE SIMPLES	*English is spoken here.*
PRESENTE CONTÍNUO	*Sorry about the mess: the house is being painted.*
PASSADO SIMPLES	*I wasn't invited to the party.*
PASSADO CONTÍNUO	*Dinner was being cooked when I arrived.*
FUTURO COM *WILL*	*The room will be cleaned later.*
FUTURO COM *GOING TO*	*A new supermarket is going to be built next year.*
PRESENTE PERFEITO SIMPLES	*My wallet has been stolen.*
PASSADO PERFEITO	*I knew why I had been chosen.*
MODAIS	*She should be given another chance.* *You could have been killed in the accident.*

OBS: Para conhecer os outros tempos verbais, vá aos Anexos, página 145.

No texto "*The shame of drink-driving*", o passado simples é bastante utilizado para relatar fatos já concluídos, tanto na voz **ativa** quanto na **passiva**.

Observe os trechos a seguir, retirados do texto, e decida se os verbos sublinhados, todos no passado simples, estão expressos na voz ativa ou passiva:

a "She made me feel really, really bad." __________

b ... she hit a parked car, failed a breath test and spent a night in a police cell. __________

c She was given a £300 fine and a 16-month driving ban. __________

d The ban was reduced to a year because she signed up for a course __________

e She learnt many things from the £145 course __________

f ... costs could have been avoided had she paid £20 for a taxi. __________

CONSOLIDAÇÃO

SUFIXOS -ING/-ED E REFERÊNCIA PRONOMINAL

1 Como vimos na unidade 14, os sufixos -ing e -ed apresentam funções diversas na língua inglesa. Classifique as palavras em negrito conforme a função que desempenham. Não se esqueça de observar atentamente o contexto em que estão inseridas.

(G) gerúndio (S) substantivo (I) infinitivo (A) adjetivo (P) passado (PP) particípio passado

☐;☐ Another Christmas, another **warning** about **getting** behind the wheel while under the influence of alcohol.
☐ The criminal record and **driving** ban are automatic...
☐ That was the worst **feeling** ever.
☐ She began **drinking** a bottle of wine at home...
☐ ... she hit a **parked** car...
☐ ... and how you could have **killed** someone.

2 A que/quem se referem os pronomes em negrito no trecho a seguir?

Claire, a 27-year-old care co-ordinator from Torquay in Devon, found that being convicted even affected **her** relationship with **her** mother. (...) "**She** didn't want to see **me** and shut the door in my face and told me to go away. **That** was the worst feeling ever."

a her relationship - ______________________________

____

b her mother - ______________________________

____

c She - ______________________________

____

d Me - ______________________________

____

e That - ______________________________

____

3 DISCUSSÃO: Qual é a sua opinião sobre a lei seca?

LEI SECA – VEJA COMO FUNCIONA A PUNIÇÃO EM ALGUNS PAÍSES:

http://www.thebest.blog.br/2008/06/30/a-lei-seca-no-transito-e-suas-consequencias-por-the-best/

Brasil - A lei aprovada diz que dirigir com qualquer teor de álcool no sangue é crime, tendo como punição a perda da carteira de motorista por 1 ano além de multa. Quando o motorista, com qualquer teor de álcool, estiver envolvido em um acidente, este passa de homicídio culposo para doloso, ou seja, com a intenção de matar.
Japão - Punição: motorista é preso se for flagrado dirigindo com qualquer nível de álcool no sangue. Passageiros do veículo são punidos por cumplicidade.

Austrália - Punição: pode variar de suspensão imediata da habilitação com 0,02 g/dl, até três anos de prisão, se o nível detectado for superior a 0,15 g/dl.
Holanda - Punição: multa de R$ 380. Acima de 0,20 g/dl, R$ 2 mil com suspensão da carteira e prisão por duas semanas. Quem se recusa a fazer o teste, paga multa maior.
Alemanha - Punição: multa a partir de 0,03 g/dl. Acima de 0,11 g/dl, o motorista é acusado de crime, sua licença é cassada e ele pode ser preso por até 5 anos.

Observação: g/dl= gramas por decilitro (1litro=10 decilitros)

•••

18 FORMAS VERBAIS III

Free at last!

Posted 25 Jan 2001

After 12 years in prison, a Texas inmate walked free on Jan. 17. The exoneration came courtesy of University of Wisconsin-Madison law students and professors – and DNA tests proving that Christopher Ochoa, now 33, was innocent of a 1988 rape and murder.

Fortunately for Ochoa, evidence from the crime was still available for DNA fingerprinting, a simple test that can prove whether a biological sample did or did not come from a suspect.

The arrival of cheap and fast DNA fingerprinting is overturning the quest to convict the guilty and free the innocent. The technology is far more specific than earlier tests of antibodies in blood or semen. Terry Laber, who directed the blood laboratory at the Minnesota Department of Public Safety, says, "Before DNA, you'd have a good suspect, and do all the tests you could do, and you'd end up with 30 percent to 40 percent of the population qualifying."

But when biological samples – from blood, skin cells or semen – are DNA fingerprinted, the specific DNA sequence is extremely unlikely to be found except in the perpetrator. A match, Laber says, is "very powerful evidence."

→ Leaving death row

If the suspect's DNA does not match the sample, however, the test becomes convincing evidence for the defense. DNA tests have helped spring 10 people from death row since 1993, according to Richard Dieter, executive director of the Death Penalty Information Center.

These 10, among 93 capital convictions that have been vacated since 1973, have helped raise public fears that executions may be based on questionable convictions. On Jan. 31, 2000, Illinois Governor George Ryan announced a "moratorium" on executions, after 13 men had been released from the state's death row. Ronald Jones, for example, was released in 1997 after being convicted of rape and murder in 1989. DNA tests did not link him to the crime scene.

Dieter says the technique is so "powerful and scientifically reliable" that it can, as in Ochoa's case, even refute a confession. "The public tends to put a lot of reliance on it. It can result in a dramatic shift" in legal status.

→ Still, limits

But DNA fingerprinting does not help every convict who asks for it. In September, 2000, Derek Barnebei was executed in Virginia for raping and murdering his girlfriend. The test he'd sought located his DNA in tissue taken from under the victim's fingernails after the 1993 crime. Barnebei claimed innocence to the end.

While Dieter welcomes DNA's ability to illuminate guilt and innocence, he says it is "not a panacea for every case, it may not be involved in a simple shooting, where somebody dies but there are no bodily fluids left."

There's also a disturbing possibility that DNA fingerprinting could finger the wrong person – if labs make mistakes, or if cops plant evidence or lie on the witness stand. Such allegations – although they do not concern capital cases – are the focus of the ongoing Los Angeles police scandal.

(Disponível em:< http://whyfiles.org/126dna_forensic/index.html>. Acesso em:06/07/2009)

THE OCHOA CASE AND FALSE CONFESSIONS

Death penalty opponents say the Ochoa case highlights a larger problem: False confessions made to avoid the death penalty. Ochoa, for example, confessed despite being innocent and having no criminal record. "The Ochoa case (...) serves to highlight the phenomenon of false confessions caused by fear of the death penalty," says Keith Findley, who co-directs the University of Wisconsin-Madison project that helped exonerate the Texas man.

Extraído de: Testing DNA Testing

(Disponível em: < http://whyfiles.org/126dna_forensic/4.html>. Acesso em:06/07/2009)

FAMILIARIZAÇÃO COM O TEXTO

1 **Observando a ilustração e o título, procure antecipar o assunto do texto.**

____

2 **Faça uma leitura rápida do texto para confirmar/descartar suas hipóteses. O texto correspondeu às suas expectativas? A ilustração influenciou a formulação das hipóteses sobre o assunto?**

____

3 **Descreva em poucas palavras o assunto tratado.**

____

____

4 **Leia o texto novamente e localize as seguintes informações:**

a O período de tempo que Ochoa passou na prisão: ____________________

b Os crimes dos quais ele foi acusado: ____________________

c O que ajudou a provar sua inocência: ____________________

d Uma definição de "DNA fingerprinting": ____________________

e O nome do prisioneiro que não conseguiu ser inocentado com o exame de DNA: __________

f 3 exemplos de amostras biológicas que servem para exame de DNA: __________

5 Com base no texto, assinale as afirmações corretas:

a Ochoa foi o único condenado a livrar-se da pena de morte ao recorrer ao exame de DNA. ☐

b O resultado do exame de DNA tanto pode confirmar a culpa de um suspeito como pode isentá-lo da mesma. ☐

c O fato de o DNA do suspeito ser encontrado na vítima constitui uma forte evidência de sua ligação com o crime. ☐

d Não há nenhum risco na utilização do resultado da análise do DNA em processos criminais. ☐

6 Utilize o contexto para inferir o significado das palavras/frases destacadas e assinale a alternativa correta:

a If the suspect's DNA does not **match the sample**, however, the test becomes convincing evidence for the defense.

☐ combinar com a amostra ☐ contaminar a amostra ☐ destruir a amostra

b DNA tests have helped **spring** 10 people from death row since 1993,...

☐ mandar ☐ condenar ☐ soltar

c There's also a disturbing possibility that DNA fingerprinting could finger the wrong person -- if labs make mistakes, or if cops plant evidence or lie on the **witness stand**.

☐ banco dos réus ☐ banco das testemunhas ☐ banco dos jurados

7 Utilizando o contexto, deduza o significado das palavras/frases destacadas:

a ... a Texas **inmate walked free** on Jan. 17.

____

b The arrival of cheap and fast DNA fingerprinting is overturning the quest to convict the **guilty** and **free** the innocent.

____

c DNA tests have helped spring 10 people from **death row** since 1993,...

____

d There's also a disturbing possibility that DNA fingerprinting could **finger** the wrong person -- if labs make mistakes, or if cops plant evidence or lie in the witness stand.

____

8 No grupo de palavras abaixo, assinale os termos usados pelo autor para se referir a um preso, supostamente criminoso.

inmate ☐ convict ☐ cop ☐ perpetrator ☐ suspect ☐

APRESENTAÇÃO E PRÁTICA DE ASPECTO LINGUÍSTICO

MODAIS

Os modais dão sentido especial aos verbos que acompanham. Observe a descrição de alguns deles. (Para ler sobre outros modais, vá aos Anexos, na página 153)

• **1. CAN:** indica possiblidade[1] ou habilidade/capacidade física[2]

Exemplo[1]:
*Smoking **can** cause cancer.*
*Scotland **can** be very warm in September.*

Exemplo[2]:
***Can** you drive?*
*We **can** see the lake from our bedroom window.*

*"Chocolate addiction sounds like a joke, but many feel such intense craving, they insist they **can't** function without it."*

Fonte: Top Santé – Health & Beauty, November 1994, p.51

• **2. COULD:** indica o **passado de can**[1]; indica também o **futuro condicional**[2], especialmente quando o autor está sugerindo algo (poderia).

Exemplo[1]:
*My grandmother **could** speak five languages.*
*Alf played well, but he **couldn't** beat Jack.*

Exemplo[2]:
*The new medicine **could** be the solution to our problems.*
*This **could** be your big chance.*

*"It pays well, the hours are fine and your colleagues are great so why don't you like your job? It **could** be because you are just not suited to it."*

Fonte: Top Santé – Health & Beauty, November 1994, p.51

• **3. MAY:** indica permissão[1] ou probabilidade[2]

Exemplo[1]:
***May** I turn on the television? (Posso?)*

Exemplo[2]:
*I **may** fly to Recife next week. (Talvez)*

*"People with insomnia **may** be able to get a good night's sleep by simply exposing themselves to 15 minutes of daylight in the morning, say scientists."*

Fonte: Femail.co.uk, By James Chapman

• **4. MIGHT:** o mesmo que **may**, porém com menor ênfase:

Exemplo[1]:
*I wonder If I **might** ask you a favor? (poderia – formal)*

Exemplo[2]:
*Peter **might** phone. If he does, could you ask him to ring later?*

*"Open people are happiest working in a job where they can use their creative skills and work with their ideas. They **might** work in public relations, the media and advertising, but on the more creative side, either in design or marketing."*

Fonte: Femail.co.uk, By Chrissy Harris

Os segmentos abaixo extraídos do texto "Free at last" contêm modais. Identifique-os e assinale os sentidos que eles atribuem aos verbos que acompanham:

a Fortunately for Ochoa, evidence from the crime was still available for DNA fingerprinting, a simple test that can prove whether a biological sample did or did not come from a suspect.

☐ permissão ☐ habilidade/capacidade

b "Before DNA, you'd have a good suspect, and do all the tests you could do, and you'd end up with 30 percent to 40 percent of the population qualifying."

☐ habilidade/capacidade ☐ probabilidade

c These 10, among 93 capital convictions that have been vacated since 1973, have helped raise public fears that executions may be based on questionable convictions.

☐ probabilidade ☐ permissão

d Dieter says the technique is so "powerful and scientifically reliable" that it can, as in Ochoa's case, even refute a confession.

☐ possibilidade ☐ habilidade/capacidade

e ...he says it is "not a panacea for every case, it may not be involved in a simple shooting, where somebody dies but there are no bodily fluids left."

☐ probabilidade ☐ permissão

f There's also a disturbing possibility that DNA fingerprinting could finger the wrong person -- if labs make mistakes, or if cops plant evidence or lie on the witness stand.

☐ permissão ☐ poderia (futuro condicional)

CONSOLIDAÇÃO

MARCADORES DISCURSIVOS E GRAU DOS ADJETIVOS

1 Sublinhe os marcadores discursivos dos segmentos do texto "Free at last" e relacione-os com as ideias que eles expressam.

Adição Exemplificação Oposição/contraste Tempo

a After 12 years in prison, a Texas inmate walked free on Jan. 17. ____________________

b "Before DNA, you'd have a good suspect, and do all the tests you could do, and you'd end up with 30 percent to 40 percent of the population qualifying." ____________________

c If the suspect's DNA does not match the sample, however, the test becomes convincing evidence for the defense. ____________________

d Ronald Jones, for example, was released in 1997 after being convicted of rape and murder in 1989. ____________________

e But DNA fingerprinting does not help every convict who asks for it. ____________________

f There's also a disturbing possibility that DNA fingerprinting could finger the wrong person.

____

g Such allegations -- although they do not concern capital cases -- are the focus of the ongoing Los Angeles police scandal. ____________________

2 **Faça uma leitura rápida do parágrafo abaixo:**

The cheapest Big Macs are found in China, Malaysia, the Philippines and South Africa, and all cost less than $1.20. In other words, these countries have the most undervalued currencies, by more than 50%. The most expensive Big Macs are found in Britain, Denmark and Switzerland, which by implication have the most overvalued currencies. Sterling, for example, is 12% overvalued against the dollar – less than two years ago, it was overvalued by 26%.

Fonte: "Big Macs Currencies", The Economist, April 19, 2001.

3 **Descreva resumidamente a ideia geral do mesmo.**

___

___

___

4 **Leia o texto novamente e localize as seguintes informações:**

a Dois países nos quais o sanduíche Big Mac é vendido por pouco mais de um dólar.

___

b A desvalorização da moeda desses países em relação ao dólar.

___

c Os países nos quais a moeda tem valor superior ao dólar.

___

5 **Identifique os comparativos e superlativos utilizados no texto. Indique seus significados em português.**

a ___

b ___

c ___

d ___

e ___

f ___

g ___

●●●

19 APOSTOS

U.S. Coins: Reminders of History and Heritage

By Jeanne S. Holden

An assortment of American coins.

Coins have many uses. People save them or spend them. Some people collect coins for fun or for profit. Others "toss a coin" to make a decision or use coins in magic tricks. Children use coins in tabletop games such as "penny hockey." Sometimes coins are used in jewelry or as adornment on clothes. But few people who use coins every day think about such things as: Why does a coin look the way it does? Why is it a particular size? Why are certain words or images on the coin? A close examination of coins will not only answer these questions but will reveal a lot about a nation's history and culture.

In the United States, six coins are currently in circulation. Each coin has a different *denomination*, or value. The six coins are the one-cent coin, the five-cent coin, the ten-cent coin, the 25-cent coin, the 50-cent coin (half dollar) and 100-cent (dollar) coin. Americans usually refer to their coins by names rather than by values. A one-cent coin is called a penny; it is a copper-colored coin. A five-cent coin is called a nickel, a ten-cent coin is a dime, and a 25-cent coin is a quarter. Nickels, dimes, and quarters are silver colored. Americans use these four coins regularly in their transactions, as customers making purchases and as shopkeepers giving change.

The other two U.S. coins in circulation, the half dollar coin and the dollar coin, are rarely used. Yet, the dollar is the basic unit of exchange in the United States. It exists both in the form of a coin and as paper money and it is always equal to 100 cents. All other forms of U.S. currency, both coins and paper money, are valued in relation to the dollar. For example, a quarter is equal to one-fourth of a dollar, a dime is one-tenth of a dollar, and so on.

The dollar dates back to the earliest days of U.S. history. In the 17th century, when England still ruled the American colonies, the colonists used whatever foreign coins they had for currency. There were not many British coins available. The coin most commonly used was a large silver Spanish dollar or peso. It is believed that the U.S. dollar was modeled after this Spanish coin. Although the origin of the dollar sign ($) is not definitively known, some say it may have developed from the way people wrote *ps*, an abbreviation of the word *peso*.

The Spanish dollars were also called *pieces of eight* because a person could make change by chopping the coin into eight pie-shaped pieces that were called bits. Two bits equaled one-fourth of the coin. Even now, more than 200 years later, some Americans still refer to a U.S. quarter as "two bits."

(Disponível em: < http://exchanges.state.gov/forum/vols/vol45/no1/p43.htm > Acesso em:06/07/2009)

FAMILIARIZAÇÃO COM O TEXTO

1 **Observando o título e a ilustração do texto, procure antecipar o assunto do mesmo.**

2 **Através de uma leitura rápida, confirme ou descarte suas hipóteses. Em seguida, descreva em poucas palavras a ideia geral do texto.**

____

____

3 **Leia o texto novamente, procurando localizar as seguintes informações:**

a O número de moedas em circulação nos Estados Unidos atualmente: ____________

b O valor das seguintes moedas: a penny: ____________

a nickel: ____________ a quarter: ____________

c A cor das moedas de: um centavo: ____________ 25 centavos ____________

d As moedas pouco usadas: ____________

e A origem do cifrão ($), de acordo com a opinião de algumas pessoas: ____________

4 Utilizando o contexto, procure inferir o significado das palavras/expressões em negrito:

Some people collect coins for **fun** or for **profit**. Others **"toss a coin"** to make a decision or use coins in magic **tricks**. ______________________________

____

All other forms of U.S. **currency**, both coins and paper money, are valued in relation to the dollar. ______________________________

5 Tendo por base a apresentação do assunto, relacione os tópicos abaixo com os parágrafos do texto:

a Introdução (comentários genéricos) (§ ____________)
b Exposição (informações mais específicas do tema) (§ ____________)
c Dados históricos (§ ____________)

APRESENTAÇÃO E **PRÁTICA** DE ASPECTO LINGUÍSTICO

APOSTOS

Um Aposto (da palavra 'apor': colocar junto) é uma palavra (ou grupo de palavras) colocada ao lado de outra palavra cujo significado ela descreve/explica/define. Apositivos devem ter a mesma classe e função gramatical das palavras que eles descrevem. Geralmente os apostos ocorrem após a palavra que explicam e são frequentemente separados por vírgulas ou travessões. Assim, os apostos interrompem o fluxo da sentença com o objetivo de fornecer informação adicional.

Exemplos:

The capital of France, ***Paris****, is an exciting city.*

Albert Einstein, ***one of the most brilliant men of the twentieth century****, permitted his brain to be dissected after his death.*

Veja o exemplo abaixo, extraído do texto.

The other two U.S. coins in circulation, ***the half dollar coin and the dollar coin****, are rarely used.*

Na maioria das vezes os apostos podem ser omitidos sem afetar a estrutura e o significado da sentença visto que não contêm informação essencial à sua compreensão.

The other two U.S. coins in circulation are rarely used.

Como você pôde perceber, as construções apositivas são um recurso prático e eficiente que o escritor pode utilizar para acrescentar detalhes a uma sentença.

Volte ao texto 'U.S. Coins: Reminders of History and Heritage'. Localize e transcreva abaixo outras sentenças contendo apostos. Em seguida, sublinhe as construções apositivas.

CONSOLIDAÇÃO

TEMPOS VERBAIS: PRESENTE, PASSADO SIMPLES E VOZ PASSIVA

1 Identifique o tempo verbal predominante nos:

a três parágrafos iniciais: ______

b dois parágrafos finais: ______

2 Identifique, no parágrafo 4, outras pistas que sinalizam a mudança de tempo verbal em relação aos parágrafos anteriores.

3 Identifique as formas verbais no parágrafo transcrito abaixo. Em seguida, decida se as mesmas estão na voz ativa ou passiva.

The other two U.S. coins in circulation, the half dollar coin and the dollar coin, are rarely used. Yet, the dollar is the basic unit of exchange in the United States. It exists both in the form of a coin and as paper money and it is always equal to 100 cents. All other forms of U.S. currency, both coins and paper money, are valued in relation to the dollar. For example, a quarter is equal to one-fourth of a dollar, a dime is one-tenth of a dollar, and so on.

20 USO DO DICIONÁRIO

Your iBrain: How technology changes the way we think

HOW THE TECHNOLOGIES THAT HAVE BECOME PART OF OUR DAILY LIVES ARE CHANGING THE WAY WE THINK

BY GARY SMALL AND GIGI VORGAN
OCTOBER, 2008 In Mind & Brain

KEY CONCEPTS

→ The brain's plasticity – its ability to change in response to stimuli from the environment – is well known. What has been less appreciated is how the expanding use of technology is shaping neural processing.

→ Young people are exposed to digital stimulation for several hours every day, and many older adults are not far behind.

→ Even using a computer for Web searches for just an hour a day changes the way the brain processes information. A constant barrage of e-contacts is both stimulating—sharpening certain cognitive skills – and draining, studies show.

You're on a plane packed with other businesspeople, reading your electronic version of the Wall Street Journal on your laptop while downloading files to your BlackBerry and organizing your PowerPoint presentation for your first meeting when you reach New York. You relish the perfect symmetry of your schedule, to-do lists and phone book as you notice a woman in the next row entering little written notes into her leather-bound daily planner. You remember having one of those ... What? Like a zillion years ago? Hey, lady! Wake up and smell the computer age. You're outside the airport now, waiting impatiently for a cab along with dozens of other people. It's finally your turn, and as you reach for the taxi door a large man pushes in front of you, practically knocking you over. Your briefcase goes flying, and your laptop and BlackBerry splatter into pieces on the pavement. As you frantically gather up the remnants of your once perfectly scheduled life, the woman with the daily planner book gracefully steps into a cab and glides away.

The current explosion of digital technology not only is changing the way we live and communicate but also is rapidly and profoundly altering our brains. Daily exposure to high technology—computers, smart phones, video games, search engines such as Google and Yahoo—stimulates brain cell alteration and neurotransmitter release, gradually strengthening new neural pathways in our brains while weakening old ones. Because of the current technological revolution, our brains are evolving right now—at a speed like never before.

(Disponível em: <http://www.sciam.com/article.cfm?id=your-ibrain,>. Acesso em 20 agosto 09).

FAMILIARIZAÇÃO COM O TEXTO

1 Observe o título e subtítulo do texto acima e descreva seu provável assunto:

2 Agora leia o texto para confirmar ou descartar as suas hipóteses.

3 Qual a relação da figura com a mensagem do texto?

4 Relacione as palavras das duas colunas abaixo para formar as combinações (verbo + substantivo) apresentadas no texto. Que significado você daria a cada uma delas, com base em seu conhecimento de mundo e do assunto?

1 downloading ☐	**a** the way we live and communicate
2 entering ☐	**b** your PowerPoint presentation
3 organizing ☐	**c** little written notes
4 using ☐	**d** files
5 waiting ☐	**e** a computer for Web searches

6 changing ☐ **f** for a cab
7 altering ☐ **g** our brains

APRESENTAÇÃO E PRÁTICA DE ESTRATÉGIA

USO DO DICIONÁRIO

Os leitores de toda língua estrangeira sentem algumas vezes a necessidade de recorrer ao dicionário em busca de informações que possam ajudá-los a compreender determinadas palavras, expressões ou frases. Mas, antes de dar início a essa tarefa, atente para estas dicas.

Um bom dicionário é aquele que fornece todas as informações necessárias durante o processo de leitura de textos em língua estrangeira. Quais seriam essas informações?

Observe o seguinte verbete retirado do dicionário *Oxford Escolar para estudantes brasileiros de inglês – português-inglês, inglês-português*, 1999, Oxford:

book[1] /bʊk/ *s* **1** livro: *book club* clube do livro **2** caderno **3** caderno de exercícios **4** (*cheques*) talão **5 the books** [*pl*] as contas: *to do the books fazer a contabilidade* LOC **to be in sb's good books** (*GB*) gozar do favor de alguém **to do sth by the book** fazer algo como manda o figurino/corretamente *Ver tb* BAD, COOK, LEAF, TRICK

book[2] /bʊk/ **1** *vt*, vi reservar, fazer uma reserva **2** *vt* contratar **3** *vt* (*coloq*) (*polícia*) fichar **4** *vt* (*Esporte*) penalizar LOC **to be booked up 1** ter a lotação esgotada **2** (*coloq*): *I'm booked up*. Não tenho hora na agenda. PHR V **to book in** registrar-se.

Veja também este outro verbete retirado do dicionário ***Password: English dictionary for speakers of Portuguese*** [translated and edited by Hohn and Monica Stahel]. – 2a. ed. – São Paulo – Martins Fontes, 1998.

book [b**u**k] *noun* **1** a number of sheets of paper (*especially* printed) bound together: *an exercise book*. ☐ **livro**
2 a piece of writing, bound and covered: I've written a book on Shakespeare. ☐ livro
3 a record of bets. ☐ **livro de apostas**
■ *verb* **1** to buy or reserve (a ticket, seat *etc*) for a play etc: *I've booked four seats for Friday's concert*. ☐ **reservar**
2 to hire in advance: *We've booked the hall for Saturday*. ☐ **reservar**

Como você pode perceber, podemos encontrar as seguintes informações:

- representação fonética (/bʊk/; /buk/)
- classe gramatical: substantivo - s. (noun - n.), verbo - v. (verb - v.); adjetivo - adj. (adjective - adj.), advérbio - adv. (adverb - adv.) etc.
- significados diferentes como **substantivo** (s) e como **verbo** (*v.t*, *v.i.*).
- locuções e expressões após LOC
- Phrasal Verbs (verbos preposicionados) após PHR V
- exemplos em itálico.
- os diferentes significados da palavra em suas respectivas áreas (*Esporte*; *polícia*)

Podemos ainda encontrar em dicionários:

- formas verbais, por exemplo, o passado dos verbos irregulares (**go – went**);
- adjetivos nas formas comparativa e superlativa (**high**[1] adj **–er**, **-est**)
- plural irregular de substantivos (**wife – wives**)
- variantes do Inglês Americano ou Britânico (AM *theater – GB theatre*; *AM analyze – GB analyse*)

Essas informações variam de um dicionário para outro. Dependendo da situação, um dicionário de bolso pode ser útil. Na grande maioria dos casos, entretanto, torna-se indispensável a utilização de um dicionário maior, mais completo, em que seja possível encontrar especificidades do idioma – no caso da língua inglesa, por exemplo, o uso de *phrasal verbs*, *idioms*, *slang*, etc.

Lembre-se sempre que o contexto é que indica a adequada interpretação do vocábulo, pois dependendo da situação, esse vocábulo pode adquirir novo significado

Vamos verificar se você consegue usar adequadamente o seu dicionário?

1 Como se diz *caminhão* em inglês americano e britânico?

____

____

2 Como se diz *parabéns*!
a quando alguém comemora aniversário e
b quando você deseja cumprimentar alguém por ter conseguido um bom emprego?

____

____

3 O que quer dizer a expressão *Oh dear!*?

____

____

4 A que classes gramaticais pertencem as seguintes palavras: *perfect*; *perfection*; *perfectionist*; *perfectly* e quais as suas respectivas traduções?

____

5 Qual é o passado do verbo *buy*?

____

6 Qual é o plural da palavra *mouse*? E da palavra *agency*?

____

7 Quantos significados possui a palavra *minute* como:

a substantivo? ______________________________

b adjetivo? ______________________________

O que significa a palavra *minutes*? ______________________________

8 Qual o significado das palavras em itálico nas sentenças abaixo?

a Press any *key* to enter the program ______________________________

b Give me the *key* to open the door ______________________________

c Exercise is the *key* to good health. ______________________________

d I usually *play* the guitar on Saturdays. ______________________________

e They *play* soccer twice a week. ______________________________

f That *play* was beautifully performed by Fernanda Montenegro. ______________________________

9 Agora que você já sabe como utilizar seu dicionário, procure uma tradução apropriada para as palavras em itálico, retiradas do texto. Para facilitar seu trabalho, classifique-as primeiramente em: substantivo (S), verbo (V), adjetivo (Adj.) ou advérbio (Adv.)

a You're on a plane *packed* with other businesspeople, reading your electronic version of the Wall Street Journal on your laptop while downloading files to your BlackBerry and organizing your PowerPoint presentation for your first *meeting* when you reach New York.

packed ______________________________

meeting ______________________________

b You *relish* the perfect symmetry of your *schedule*, to-do lists and phone book as you notice a woman in the next row entering little written notes into her leather-bound daily *planner*.

relish ______________________________

schedule ______________________________

planner ______________________________

c It's finally your *turn*, and as you *reach for* the taxi door a large man *pushes* in front of you, practically *knocking* you *over*.
turn ______
reach for ______
pushes ______
knocking...over ______

d As you *frantically gather up* the *remnants* of your once perfectly scheduled file, the woman with the daily planner book gracefully steps into a cab and *glides away*.
frantically ______
gather up ______
remnants ______
glides away ______

e Daily exposure to high technology – computers, *smart* phones, video games, search engines such as Google and Yahoo – stimulates brain cell alteration and neurotransmitter *release*, gradually *strengthening* new neural *pathways* in our brains while weakening old ones.
smart ______
release ______
strengthening ______
pathways ______

CONSOLIDAÇÃO

MARCADORES DISCURSIVOS, FORMAS VERBAIS E APOSTOS

1 Identifique os marcadores discursivos utilizados nos períodos abaixo (retirados do texto) e indique as ideias por eles transmitidas (sequência cronológica; contraste; causa/conseqüência; adição; tempo; ênfase; exemplificação; comparação).

a A constant barrage of e-contacts is both stimulating – sharpening certain cognitive skills – and draining, studies show.

______

______

b The current explosion of digital technology not only is changing the way we live and communicate but also is rapidly and profoundly altering our brains.

______

______

c Daily exposure to high technology – computers, smart phones, vídeo games, search engines such as Google and Yahoo – stimulates brain cell alteration and neurotransmitter release ...

d Because of the current technological revolution, our brains are evolving right now – at a speed like never before.

e You're on a plane packed with other businesspeople, reading your electronic version of the Wall Street Journal on your laptop while downloading files to your BlackBerry and organizing your PowerPoint presentation for your first meeting when you reach New York.

2 Localize no texto o trecho onde o autor faz uma narrativa informal e indique que forma verbal está sendo utilizada e com que objetivo.

3 Sublinhe os apostos presentes nos seguintes trechos retirados do texto:

a The brain's plasticity – its ability to change in response to stimuli from the environment – is well known.

b A constant barrage of e-contacts is both stimulating – sharpening certain cognitive skills – and draining, studies show.

c Daily exposure to high technology – computers, smart phones, video games, search engines such as Google and Yahoo – stimulates brain cell alteration and neurotransmitter release, gradually strengthening new neural pathways in our brains while weakening old ones.

•••

21 O GÊNERO ACADÊMICO

English as a global language in China

→ Abstract

English is now said to be an international language or known as a global language. It is an obvious fact that English is definitely important as a window for the Chinese to see the world. English is the key for us to access the Western modern scientific and technological advances. In this article, I will try to examine some issues with particular reference to the situation of English language teaching (ELT) in China and its relationship with the outside world.

→ Introduction

In the past few decades since World War II, the emerging global economy has made it possible for English to play an important role as the world standard language. In view of the situation, millions of students are learning English as the most important foreign language for international communication all over the world. People of the world unanimously consider English as the most useful language for cross-boundary communication. Thus, from an ordinary Chinese point of view, English is not the language for us to speak with Americans, the British or any other native speakers. Rather, it is the common language for us to communicate with Japanese, Koreans, Thais, Singaporeans and other Asians and people from developing countries. The global spread of English over the last 40 years is remarkable in the history the English language. It has become an international language means for multinational and multicultural communication.

As the spread of English progresses, English is bound to reflect a diversity of disparate cultures. Since no language is used to its fullest extent by its native speakers, there is always much room left for our non-native speakers to exploit it in the unique form of English usage, phonetically, lexically, syntactically, semantically and pragmatically. As a matter of fact, English has been used by our Chinese as a tool to know the West and at the same time, let the World know China at its greatest extents.

→ Modern ELT in China

A great deal of attention has been paid to English teaching and learning since the beginning of the reform of Chinese economy in 1978. With more and more Western companies and joint-ventures rushing into China, many college students would like to pursue their further education in the West to acquire advanced knowledge in science and technology. Chinese students are no longer ignorant of international English tests such as TOEFL (Test of English as a Foreign Language) and IELTS (International English Language Testing System) and so on. Some foreigners will even be amazed to see the heat-wave of English learning in China. Just take a domestic employer, especially those in the field of foreign trade businesses for example. They consider communicative competence in English to be a decisive factor in hiring a potential employee. Therefore, an applicant must demonstrate his oral English capability besides their various English qualification certificates. This emerging challenge to the traditional methodology of ELT is unprecedented in that the teacher is no longer seen as the sole provider of knowledge and the students are no more encouraged to assimilate their teacher's instruction dutifully or to work their way ploddingly through the lines of their textbook.

The initial progress in ELT took place when English became part of the College Entrance Examinations. The Ministry of Education issued guidelines for textbook makers, requesting that English textbooks should include materials on the Western culture, listening and speaking practice as well. However, there are some disadvantages of ELT education in China. The first is a lack of qualified foreign language teachers, most of whom have no experience of living in Western countries. In fact, effective English teachers should have abundant cross-cultural awareness – it is often the case that quite a number of English teachers in China have a very limited knowledge of English while students have high expectation from their teachers. As a result, teacher development programs have become <u>the "bottle-neck" issue</u>[1] in our current ELT. Worse is the backward methodology: teachers, as well as students, typically adopt the Grammar-Translation method to teach and learn English, which focuses on English grammar and vocabulary, on linguistic phenomena rather than on reading the content itself. It is no surprise to see Chinese students with satisfactory marks on their English examinations who can't communicate well in English with foreign peers. There is a popular saying about this extravagant scene in learning English as "dumb and deaf" English.

According to a survey, most college students in China whose majors[2] are not English spend more than 70 percent of their study time on English after class. Meanwhile, they have to attend four-hour English courses every week in class. What's more is that the English teacher, unfortunately, has to face normally 50 or more students in the classroom because of the expansion of enrolling college students in recent years. Therefore, it is almost impossible for an English teacher to take good care of each student in class. Some English classes have no access to an audio-video language laboratory, neither do they have access to the Internet. This rigid pattern of old fashioned textbook-based, teacher-dominated and test-oriented teaching is out of date with the rapid growth of international communication in China. Educators have realized the importance of shifting the pattern of ELT from the traditional linguistic acquirement to communicative competence and the module of teaching English language from single skill development to integrated skills training. That can be seen from the reform of syllabuses and curriculum development project issued by the Ministry of Education in 1999. The new syllabus emphasis is on a student-centered approach instead of a teacher-centered one. Meanwhile, the vocabulary capacity required for students has been enlarged from the original 1,800 common used English words and phrases to 4,000. Another outstanding feature of the ELT reform in China's higher institutions is that English study will be continuous throughout the duration of four years in college. ESP (English for Special Purpose) courses are also added to the final year of students' study of English in college. The goal of these courses is to ensure that the non-English major students who have different specialized background can make good use of English after their graduation in their future working career. Besides, the Ministry of Education requires that all of the specialized subjects (preferably taught from foreign textbooks) be conducted in English in the near future. There will be a national English standardized test which will be divided into several levels to evaluate the outcome of reforming in Chinese ELT from primary level to the tertiary level, which means English will become a real tool for communication in China's educational institutions. The construction of a streamlined[3] ELT system from Chinese primary schools (third grade) to the tertiary level is underway.

→ Conclusion

At this stage, China needs and will continue to want English badly. In order to function efficiently in its economy with the global market, China needs to bring large numbers of people to a higher level of proficiency in English for a wide variety of functions. Success of English language teaching and learning depends largely on understanding English as a tool for communication. Thus, if a student is encouraged to speak with confidence, it is the foreign language teacher's duty to help students overcome the fear of speaking and learn the fact that Chinese English learners can use English effectively without feeling guilty of their strong accent. Modern communication such as TV and the Internet makes us more exposed to an English-medium environment than we used to be. It will be no surprise at all for a Chinese person to survive in English.

(By Ji Shaobin, *Wenzhou College of Profession and Technology*)

Fonte: *The weekly column, Article 99, May* 2002 (adaptado)
(Versão original disponível em:<http://www.eltnewsletter.com/back/May2002/art992002.htm>. Acesso em 22 agosto 2009.)

GLOSSÁRIO:

1 the *bottle-neck* issue – a questão limitadora (que impede o avanço)
2 *major* – área de concentração em um curso de graduação
3 *streamlined* – modernizado, atualizado

FAMILIARIZAÇÃO COM O TEXTO

1 Faça um *skimming* do texto, isto é, observe o título, *layout*, cognatos e palavras conhecidas e descreva a ideia geral do mesmo em uma sentença.

2 Releia o texto, desta vez priorizando a busca das informações abaixo:

a o status atual da Língua Inglesa, alcançado nos últimos 40 anos

b duas razões pelas quais os Chineses têm se dedicado ao aprendizado da língua inglesa

c fator decisivo para a contratação de novos funcionários na China, em especial por empresas na área de comércio exterior

d fator que propiciou um progresso inicial no ensino de inglês na China

e dois aspectos negativos ainda observados no ensino de inglês na China

3 A que se referem os números em negrito, nos trechos abaixo?

a "A great deal of attention has been paid to English teaching and learning since the beginning of the reform of Chinese economy in **1978**."

b "According to a survey, most college students in China whose majors are not English spend more than **70** percent of their study time on English after class."

c "What's more is that the English teacher, unfortunately, has to face normally **50** or more students in the classroom because of the expansion of enrolling college students in recent years."

d "That can be seen from the reform of syllabuses and curriculum development project issued by the Ministry of Education in **1999**."

e "Meanwhile, the vocabulary capacity required for students has been enlarged from the original **1,800** common used English words and phrases to **4,000**."

4 **Em sua opinião, as informações apresentadas no artigo "*English as a global language in China*" são relevantes para o universitário brasileiro? Justifique.**

APRESENTAÇÃO E PRÁTICA DE ESTRATÉGIA

RECONHECENDO O GÊNERO ACADÊMICO

TODA PRODUÇÃO ESCRITA segue algum tipo de convenção. Livros de receita, cartas, emails, listas de compras, recados, e dicionários apresentam linguagem e formato específicos para que possam ser facilmente compreendidos e utilizados. São justamente essas convenções que possibilitam ao leitor manusear qualquer livro e, na maioria das vezes, reconhecer imediatamente o seu gênero textual.

Todos nós conseguimos ler os gêneros textuais de nosso cotidiano facilmente. Da mesma forma, se passarmos a ler artigos acadêmicos com freqüência, e observarmos as convenções que os caracterizam, também seremos capazes de efetuar a leitura de tal gênero sem dificuldade.

A escrita acadêmica geralmente segue estruturas convencionais. Os artigos das áreas das Ciências Biológicas e Exatas costumam conter subdivisões internas, com cabeçalhos, para apresentar a discussão de um problema, a literatura existente (ou seja, os artigos e livros já publicados a respeito), o formato da pesquisa, os resultados alcançados, e de que maneira tais resultados vêm suprir uma lacuna ou aprimorar nossa compreensão de determinado assunto.

Por outro lado, os artigos das áreas das Ciências Humanas não têm muitas subdivisões internas; de modo geral, costumam apresentar apenas três partes principais: a **introdução** (que descreve o *background* e o "problema"), o **desenvolvimento** (que traz os argumentos e as reflexões do autor, com base nos dados que evidenciam o problema), e a **conclusão** (que resume a resposta do autor ao problema).

O primeiro passo para a leitura e compreensão de artigos acadêmicos é saber que sua organização e apresentação seguem normas relativamente rígidas. Identificar tais normas pode inclusive auxiliar o leitor a escrever artigos do mesmo gênero. Leia as dicas a seguir cuidadosamente:

Observe o artigo como um todo, antes de iniciar a leitura propriamente dita. Procure identificar o propósito/objetivo, público-alvo e assunto do artigo a ser lido. Procure pistas no título e/ou subtítulo, no resumo (*abstract*) que costuma preceder o artigo, no *layout*, nas notas de rodapé, na nota de referência biográfica do autor (que pode vir no início ou final de um artigo ou livro).

As perguntas abaixo podem auxiliá-lo a considerar o artigo como um todo:

- **Quem escreveu o artigo?**

O que é possível descobrir sobre o autor do texto que você tem em mãos? Se puder, procure outros artigos ou livros escritos pelo mesmo autor. Isto lhe dará uma ideia de como o artigo integra/complementa outros trabalhos do autor, bem como sua área de interesse/especialidade.

- **Quem é o público-alvo, i.e., a quem o autor se dirige?**

Esta questão é extremamente importante porque afeta o estilo, conteúdo e abordagem do assunto discutido no artigo. Você pode fazer um *skimming* dos primeiros parágrafos para ter uma ideia. De fato, os dois primeiros parágrafos do artigo apresentam, ou deveriam apresentar, as razões/justificativas (*rationale*) para a pesquisa relatada. Quanto mais específica e detalhada for a pesquisa, mais específicos serão os leitores a quem tal artigo se destina.

- **Qual é o assunto do artigo?**

Se o artigo foi bem redigido, os primeiros parágrafos vão determinar o assunto do mesmo. O título também sugere, ou deveria sugerir, o assunto principal do artigo, e a linha de raciocínio adotada pelo autor. Além disso, o *abstract* – ou seja, o resumo em inglês que costuma preceder artigos contidos em revistas científicas –– em geral apresenta uma breve descrição do conteúdo do artigo. Finalmente, um outro local que contém um resumo do artigo é a conclusão. Geralmente mais longa que a introdução, a conclusão resume o(s) argumento(s) do autor, situando-o(s) em um contexto mais amplo.

Texto adaptado. (Versão original disponível em:
<http://www.yukoncollege.yk.ca/˜agraham/guides/guidec.shtml>. Acesso em: 22 agosto 2009.)

O texto "*English as a Global Language in China*" pertence ao gênero "artigo acadêmico".

1 Localize algumas características comuns a esse gênero (*layout*, vocabulário, registro):

a *layout* (Como se configura este texto? De que forma é dividido?): ______________________

____

____

b vocabulário (jargão característico de uma determinada área de conhecimento): Exs: ________

____

____

c registro (linguagem mais formal): Exs: ______________________________

____

____

2 Agora releia o *abstract* e verifique se o resumo do autor sintetiza de modo claro e objetivo o conteúdo do artigo.

CONSOLIDAÇÃO

GRUPOS NOMINAIS E INFERÊNCIA CONTEXTUAL

1 Nos trechos abaixo, extraídos do texto, os grupos nominais foram sublinhados. Circule seus respectivos núcleos e, em seguida, traduza as expressões sublinhadas:

a *"In the past few decades since World War II, the emerging global economy has made it possible for English to play an important role as the world standard language."*

b *"This rigid pattern of old fashioned textbook-based, teacher-dominated and test-oriented teaching is out of date with the rapid growth of international communication in China."*

c *"The new syllabus emphasis is on a student-centered approach instead of a teacher-centered one."*

2 Deduza o significado das palavras ou expressões sublinhadas de acordo com o contexto em que estão inseridas:

a *"People of the world unanimously consider English as the most useful language for cross-boundary communication."*

b *"Educators have realized the importance of shifting the pattern of ELT from the traditional linguistic acquirement to communicative competence and the module of teaching English language from single skill development to integrated skills training."*

c *"The construction of a streamlined ELT system from Chinese primary schools (third grade) to the tertiary level is underway."*

d *"At this stage, China needs and will continue to want English badly."*

•••

FORMAS VERBAIS

PRESENTES SIMPLES

Formado do infinitivo, sem a partícula ***to***. Dependendo da forma do verbo, a terceira pessoa *do singular (he/she/it) recebe -s, -es ou -ies. Exemplos: to play –* **plays***; to catch –* **catches***; to study –* **studies**.

Geralmente, refere-se a:

- fatos imutáveis
Water ***boils*** *at 100 degrees Celsius.*

- ações/situações habituais
My sister ***goes*** *to work at 7:30 am.*
British people ***drink*** *a lot of tea.*

- estados
My father ***lives*** *in Italy.*

- opiniões e sentimentos
I ***don't like*** *gangster films.*

Pode também ser utilizado:

- para indicar o tempo futuro, especialmente quando precedido por 'if', conjunções de tempo (when, while, before, after etc.) ou quando referente a horários regulares de trens, ônibus ou vôos
I'll be glad if it ***rains*** *soon.*
What are you going to do when you ***leave*** *school?*
The train ***arrives*** *at 7:45.*

- em resenhas de livros e filmes e em resumos de acontecimentos históricos
May 1945: the war in Europe ***comes*** *to an end.*

At the end of the play both families ***realise*** *that their hatred had caused the death of the lovers.*

• em narrativas informais (para torná-las mais dramáticas e/ou reais)
So I ***open*** *the door, and I* ***look*** *out into the garden, and what do I* ***see****? A man wearing a pink shirt and a policeman's helmet.*

PRESENTE CONTÍNUO

Formado da junção do verbo ***to be*** com outro verbo no gerúndio: **am/are/is + verbo com *-ing***.

Exemplos:
*I'****m reading*** *a book.*
*He'****s writing*** *a poem.*
*They'****re travelling*** *around Europe.*

Geralmente, é utilizado para descrever:

• ações/situações que estão acontecendo num instante específico
*Hurry up! We'****re*** *all* ***waiting*** *for you.*
The dog ***is sleeping*** *on our bed!*
Why ***are*** *you* ***crying****? Is something wrong?*

• ações/situações temporárias
*I'****m staying*** *in a hotel until I find a flat.*
My sister ***is living*** *at home for the moment.*

• ações/situações que podem estar em andamento, mas não necessariamente no momento em questão
I'm learning *to drive.*

• mudança ou desenvolvimento
The weather ***is getting*** *better and better.*
Things ***are getting*** *worse!*
More and more people ***are giving up*** *smoking.*

PASSADO SIMPLES

Formado dos verbos regulares (*-ed* ou *-d*) ou irregulares (que têm forma própria). Exemplos: *to play* – **played**; *to joke* – **joked**; *to write* – **wrote**; *to take* – **took**.

Geralmente, é utilizado para descrever:

• ações concluídas
*I **lived** in London until I was fourteen.*
*He **walked** into the bar and **ordered** a vodka and tonic.*

• hábitos passados
*Every day I **went** to the park.*
*When I was a child we always **went** to the seaside in August.*

• estados passados
*In those days, I **didn't like** reading.*

Em alguns tipos de oração, o verbo na forma passada pode também ser utilizado para fazer referência ao presente ou futuro.

Exemplos:
*If I **had** the money now, I'd buy a car.*
*Suppose we **spent** next weekend in Brighton?*

A estrutura **used to + infinitivo** também pode ser utilizada em referência ao tempo passado, mas somente para descrever hábitos e situações/estados, nunca ações isoladas – nesse último caso, usa-se o passado simples. Compare estes exemplos:

*I **used to play** tennis a lot (but I don't play very often now).*
*I **played** tennis last weekend.*
*I **used to think** he was unfriendly (but now I realize he's a very nice person).*
*I **thought** he was very rude to her over dinner last night.*

PASSADO CONTÍNUO

Formado da junção do verbo ***to be*** com outro verbo no gerúndio: **was/were + verbo com *-ing***.

Exemplos:
*The sun **was shining**.*
*The birds **were singing**.*

Geralmente, é utilizado para descrever:

• ações em andamento (frequentemente interrompidas por outros acontecimentos)
*I **was drinking** my coffee at the time.*
*While I **was opening** the letter, the phone rang.*

• o fundo de cena (ou segundo plano) em narrativas
*I entered the office and looked around. Most people **were working** at their desks, but Jane **was staring** out of the window and **pretending** to write something at the same time.*

• mudança
*The car **was getting** worse all the time. One of the headlights **was** gradually **falling** off, and the engine **was making** more and more funny noises.*

FUTURO

Na língua inglesa, há várias formas para expressar o futuro. As três estruturas mais comuns são:

• **will/shall...**
*I'**ll see** you next week.*
***Shall** I **give** you a hand?*

• **am/is/are + going to...**
*Who**'s going** to look after the baby tomorrow?*

• **am/is/are + verbo com -*ing*** (presente contínuo)
*Harry and Mary **are coming** this evening.*

Essas três estruturas são utilizadas em diferentes situações:

• **will** é o futuro normalmente relacionado a previsões. É utilizado para descrever fatos já previstos de antemão, ou algo que se acredita ser verdadeiro.
*We'**ll be** in Manchester before ten, I expect.*
*The experiment **will help** many people.*
*The company **will make** a profit next year.*

• **going to** geralmente envolve intenções ou planos.
*She'**s going to have** a baby in June.*
*I'**m going to wait** here until Carol gets back.*
*I'**m going to get** to the top even if it kills me.*

Pode também ser usado para descrever uma ocorrência futura com indícios no tempo presente.

*Look at that tree! It's **going to fall**.*

*God – we'**re going to crash**!*

• O **presente contínuo** refere-se a compromissos já agendados. Geralmente inclui uma expressão de tempo.

*The Browns **are coming** to dinner on Saturday.*

*Tom'**s getting** his new glasses next week.*

PRESENTE PERFEITO SIMPLES

Formado da junção do verbo **have/has** (que funciona como verbo auxiliar) com o **particípio passado do verbo principal**.

Exemplos:

*I **have finished**.*

*She **hasn't arrived**.*

Pode fazer referência a:

• acontecimentos recentes, sem indicação explícita de tempo

*I can't go on holiday because I'**ve broken** my leg.*

*According to the latest reports, government forces **have pushed** back the rebels and **retaken** the town.*

*I'**ve** just **seen** Mary.*

• acontecimentos num tempo indefinido no passado

*I'**ve travelled** a lot in America.*

*Jim **has had** three car accidents.*

*Paul **has** never **read War and Peace**.*

• acontecimentos num tempo indefinido no passado, com consequências no presente

*I'**ve twisted** my ankle. (That's why I'm limping.)*

*I **have bought** myself a car. (That's why I am always on time for classes now.)*

• situações que tiveram início no passado e continuam até o momento presente

*I'**ve lived** here for the past ten years.*

*We **have had** this flat since 1985.*

PRESENTE PERFEITO CONTÍNUO

Formado pela junção dos verbos **have/has + been** (que funcionam como verbos auxiliares) com o **verbo principal** terminado em **-ing**.

Exemplos:
*It **has been raining** a lot.*
*I **have been working** very hard.*

Dependendo do contexto e da expressão de tempo utilizada, pode indicar:

• um estado que continua até o momento presente
*I'**ve been waiting** for you for three hours!*

• uma ação incompleta
*I'**ve been reading** your book (but I haven't finished it yet). (Em oposição ao presente perfeito simples, que costuma sinalizar o término de uma ação: I've read your book.)*

• ênfase na continuidade/duração de uma ação
*I'**ve been writing** e-mails all morning.*

• uma ação concluída recentemente
*I'**ve been running**. That's why I look hot.*

• uma ação repetida durante certo período de tempo
*I'**ve been having** French lessons this year.*
*My sister **has been smoking** a lot these past few months.*

PASSADO PERFEITO

Formado pela junção do verbo **had** com o **particípio passado do verbo principal**.

Exemplos:
*I knew I **had seen** her before.*
*She invited him to the party even though I **had asked** her not to.*

É utilizado para fazer referência a:

• acontecimentos num tempo anterior ao tempo passado, em especial quando não há expressões de tempo para distingui-los da ação no tempo passado

*By the time I got to the station, the train **had left**.*
*I explained I **had forgotten** my keys.*
*He wasn't exactly a stranger: I **had met** him once before.*
*I could see from his face that he **had received** bad news.*

VOZ PASSIVA

Formada pela junção do verbo **to be** (em tempos verbais diversos) com o **particípio passado do verbo principal**.

É utilizada quando:

• não se quer assumir a responsabilidade por determinada ação.
*The matter **will be clarified** soon.*
*It **has been decided** to reduce all salaries by 10%.*

• o enfoque está no acontecido, e não no autor
*That bank **was robbed** yesterday.*
*Every year, many new students **are admitted** to UEL.*

• quer-se evitar sujeitos vagos (tais como alguém, ninguém, todos, eles etc.).
*The form **has to be signed**.*
*English **is spoken** here.*
*Coke **is drunk** all over the world.*

A voz passiva é muito utilizada na escrita acadêmica e científica, em que a ênfase normalmente está nos acontecimentos e processos, e não nas pessoas envolvidas.

Eis alguns exemplos de voz passiva em tempos verbais diversos:

PRESENTE SIMPLES:	*English **is spoken** here.*
PRESENTE CONTÍNUO:	*Sorry about the mess: the house **is being painted**.*
PASSADO SIMPLES:	*I **wasn´t invited** to the party.*
PASSADO CONTÍNUO:	*Dinner **was being cooked** when I arrived.*
FUTURO COM *WILL*:	*The room **will be cleaned** later.*
FUTURO COM *GOING TO*:	*A new supermarket **is going to be built** next year.*
PRESENTE PERFEITO SIMPLES:	*My wallet **has been stolen**.*

PASSADO PERFEITO:	*I knew why I* ***had been chosen****.*
MODAIS:	*She* ***should be given*** *another chance.*
	You ***could have been killed*** *in the accident.*

IMPERATIVO

Apresenta a mesma forma do infinitivo sem a partícula *to*. É utilizado para dar ordens e fazer sugestões, pedidos ou reclamações.

Exemplos:
Close *the door.*
Talk *to me, please!*
Na linguagem escrita, o imperativo estabelece maior proximidade entre autor e leitor.

Atente a estas regras:

• Para tornar o imperativo mais enfático, o verbo auxiliar **do** deve ser acrescentado ao início da oração. Esse recurso é bastante utilizado para pedir desculpas, fazer pedidos ou reclamações.
Do forgive *me, I didn't mean to interrupt.*
Do sit down.
Do try *to make less noise.*

• O imperativo na forma negativa é feito com **do not** (ou **don't**).
Don't worry.
Do not lean *out of the window./****Don't be*** *late.*

• Os advérbios **always** e **never** precedem o imperativo.
Always remember *to smile.*
Never speak *to me like that again.*

FONTES:
ALEXANDER, L.G., Longman English Grammar Practice for Intermediate Students. *LONGMAN, 1999*
MURPHY, R., English Grammar in Use. *CUP, 1994*
SWAN, M., Practical English Usage. *OUP, 1990*
VINCE, M., Advanced Language Practice. *MACMILLAN HEINEMANN, 1998*

MODAIS

1 • CAN: indica **possibilidade**[1] ou **habilidade/capacidade física**[2]

Exemplo[1]:
*Smoking **can** cause cancer.*
*Scotland **can** be very warm in September.*

Exemplo[2]:
***Can** you drive?*
*We **can** see the lake from our bedroom window.*

*"Chocolate addiction sounds like a joke, but many feel such intense craving, they insist they **can´t** function without it."*

Fonte: Top Santé – Health & Beauty, November 1994, p. 51

2 • COULD: indica o **passado de can**[1]; indica também o **futuro condicional**[2], especialmente quando o autor está sugerindo algo (poderia).

Exemplo[1]:
*My grandfather **could** speak five languages.*
*Alf played well, but he **couldn´t** beat Jack.*

Exemplo[2]:
*The new medicine **could** be the solution to our problems.*
*This **could** be your big chance.*

*"It pays well, the hours are fine and your colleagues are great – so why don´t you like your job? It **could** be because you are just not suited to it."*

Fonte: Top Santé – Health & Beauty, November 1994, p. 51

3 • MAY: indica **permissão[1]** ou **probabilidade[2]**

Exemplo[1]:
***May** I turn on the television? (Posso?)*

Exemplo[2]:
*I **may** fly to Recife next week. (Talvez)*

*"People with insomnia **may** be able to get a good night´s sleep by simply exposing themselves to 15 minutes of daylight in the morning, say scientists."*

Fonte: www.femail.co.uk , by James Chapman

4 • MIGHT: o mesmo que *may*, porém com **menor ênfase**.

Exemplo[1]:
*I wonder if I **might** ask you a favour? (poderia - formal)*

Exemplo[2]:
*Peter **might** phone. If the does, could you ask him to ring later?*

*"Open people are happiest working in a job where they can use their creative skills and work with their ideas. They **might** work in public relations, the media and advertising, but on the more creative side, either in design or marketing."*

Fonte: www.femail.co.uk , by Chrissy Harris

5 • SHOULD: indica uma **sugestão[1]** feita pelo autor; uma **opinião pessoal/conselho[2]**.

Exemplo[1]:
*New experiments **should** be carried out before we jump to conclusions.*

Exemplo[2]:
*We **should** eat out more often.*

*"For the best results in terms of fat loss, exercise **should** be combined with a sensible diet high in fresh fruit, raw vegetable and carbohydrates."*

Fonte: Top Santé – Health & Beauty, April 1994, p. 73

6 • OUGHT TO: o mesmo que *should*; contudo, apresenta um caráter **mais objetivo** e é usado de modo especial para fazer referência a leis, deveres e regulamentos.

Exemplo:
*People **ought to** vote even they don´t agree with any of the candidates.*

*"If you show the receipt, there **ought not to** be any difficulty getting your money back."*

Fonte: Cambridge – International Dictionary of English, p. 999, CUP, 1995

7 • WILL: indica **certeza de ocorrência futura**.

Exemplo:
*The regiment **will** attack at dawn.*

*"Business psychologist Dr Colin Parker says, ´If you´re in a job that suppresses a key aspect of your personality, you lose enthusiasm for the work and **won´t** (will not) perform well´."*

Fonte: www.femail.co.uk , by Chrissy Harris

8 • WOULD: indica o **passado de *will*[1]** (para fazer referência a antigos hábitos); **situações ou ações hipotéticas[2]**; **forma polida[3]**.

Exemplo[1]:
*When we were children, we **would** go skating every winter.*

Exemplo[2]:
*If I knew his number, I **would** phone (telefonaria) him.*

Exemplo[3]:
*I **would** like a cup of tea, please.*

*"Open people (...) like to look at the broader picture and, unlike introverts, rarely focus on detail or trivial matters. Emotions and feelings are important – they **would** never dismiss anyone else´s opinion."*

Fonte: www.femail.co.uk , by Chrissy Harris

9 • MUST: indica a **necessidade**[1] ou **dever/obrigação**[2] de se fazer algo; pode indicar também uma **dedução**[3].

Exemplo[1]:
*I **must** study hard if I want to do well in the test.*

Exemplo[2]:
*You **must** be there at 8 o´clock at the latest..*

Exemplo[3]:
*Mary **must** have some problem: she keeps crying.*

*"To increase your strength you **must** progressively ´work´your muscles so that they gradually meet with more and more resistance."*

Fonte: Top Santé – Health & Beauty, November 1994, p. 75

10 • LIKELY TO: indica **um forte indício de ocorrência futura**.

Exemplo:
*It´s **likely to** rain tomorrow. (=It will probably rain tomorrow).*

*"Women who smoke while pregnant are more **likely to** have children who develop asthma."*

Fonte: Top Santé – Health & Beauty, November 1994, p. 32

ROTEIRO DE LEITURA

1 • Observe rapidamente o título, subtítulos, figuras/tabelas/gráficos, *layout* e fonte. Em seguida, utilizando seu conhecimento de mundo e/ou técnico, faça previsões sobre o provável assunto do texto.

2 • *Skimming* – Corra os olhos sobre o texto, observando de modo especial os cognatos. Nesse estágio, procure se concentrar nas informações que você é capaz de reconhecer – não se prenda a detalhes nem a vocabulário que desconhece. Com base nesta primeira leitura superficial, verifique se suas hipóteses quanto ao texto estavam corretas.

3 • Agora, volte ao texto e releia-o. Dessa vez, priorize o primeiro e o último parágrafo (isto é, a introdução e conclusão), bem como a primeira frase de cada parágrafo. Tais "locais" em geral concentram grande número de informações importantes.

4 • Habitue-se a identificar (e até circular) as palavras-chave de cada parágrafo, isto é, aquelas que têm maior peso na construção de significado dos parágrafos. Elas em geral aparecem repetidas vezes no texto, na forma de substantivos ou verbos. Desenvolver o hábito de localizar as palavras-chave contribui para facilitar a apreensão das ideias principais abordadas no texto (e, conseqüentemente, a redação de resumos e/ou resenhas).

5 • Durante a leitura, procure sempre relacionar os **pronomes** empregados pelo autor às palavras a que se referem, para assim não se distanciar das ideias sendo lidas. Procure também observar os **marcadores de discurso** (isto é, elementos de ligação dentro de um mesmo parágrafo, ou entre parágrafos distintos), a fim de perceber as implicações que eles trazem para o desenvolvimento global do texto.

6 • Ao se deparar com algum vocábulo desconhecido, siga estes passos:

1º: Utilize as dicas contextuais para identificar o provável significado do vocábulo.

2º: Determine se o vocábulo é importante ou não (isto é: se é palavra repetida; se atua como substantivo ou verbo; se é parte de uma informação apositiva; se sua não-compreensão prejudica o entendimento global da sentença ou parágrafo).

3º: Verifique se o vocábulo é parte de um grupo nominal, bem como a sua função dentro dele (núcleo ou modificador). Para melhor situar-se na oração, localize primeiro o verbo. Lembre-se de que, de modo geral, a estrutura sintática do inglês é a mesma do português, ou seja:

SUJEITO + VERBO + OBJETO/COMPLEMENTO

4º: Observe se o próprio vocábulo oferece pistas de seu significado, isto é, se apresenta prefixos ou sufixos. Tais afixos, quando combinados com as informações já obtidas através do contexto, podem facilitar o entendimento da **raiz** sob enfoque.

5º: Se ainda assim a informação desconhecida permanecer obscura e você julgá-la essencial para a compreensão das ideias apresentadas no texto, recorra ao dicionário. Não se esqueça, entretanto, de sempre associá-la ao contexto em que está inserida.

GLOSSÁRIO

ADJETIVO • Palavra que acompanha o substantivo para indicar qualidade, forma, tamanho, estado etc. Exemplo: *Brazil is a* **beautiful** *country.*

ADVÉRBIO • Palavra que modifica o verbo, adjetivo ou outro advérbio, exprimindo determinada circunstância: lugar (*here*), tempo (*now*) etc. Quando acompanha um verbo, pode indicar como se pratica a ação (exemplo: *I walked* **slowly**); quando acompanha um adjetivo ou advérbio, pode indicar grau de intensidade (exemplos: *This is* **very** *difficult*; *You're* **too** *late – the meeting has finished.*).

AFIXO (PREFIXO OU SUFIXO) • Letra ou grupo de letras que se acrescenta ao começo (prefixo) ou final (sufixo) da raiz de uma palavra para formar outra palavra. Exemplo: **un***comforta***ble**, palavra formada com os afixos ***un-*** (prefixo) e ***-able*** (sufixo). Cf. raiz.

APOSTO • Palavra ou frase que interrompe o fluxo de uma oração com o objetivo de expandir ou explicar o que está sendo expresso. Exemplo: *Luzia,* **Roberto's cousin**, *had a brilliant idea.*

ARTIGO • Palavra que acompanha o substantivo para indicar se ele é determinado ou indeterminado. Exemplos: **A** *boy asked me to help him.* **The** *boy asked me to help him.* [*a/an* = um/uma; *the* = o(s)/a(s)].

CLASSE GRAMATICAL • Nomenclatura utilizada para identificar se a palavra é substantivo, adjetivo, advérbio etc.

COESÃO • Modo pelo qual o sistema gramatical é usado para ligar orações, períodos e parágrafos.

COGNATO • Palavra que vem de uma mesma raiz que outra e é semelhante ou idêntica a ela em forma e significado. Exemplos: *car* – carro; *hospital* – hospital.

COMPLEMENTO • Palavra ou frase (especialmente substantivo ou adjetivo) que segue o verbo e descreve o sujeito do verbo. Exemplos: *This room is* **cold**. *James became* **a doctor**.

CONHECIMENTO PRÉVIO • Conhecimento que as pessoas possuem armazenado na memória e que é adquirido com base em experiências vivenciadas ao longo do tempo, podendo ser acessado para auxiliar na assimilação de informações novas.

CONJUNÇÃO • Palavra usada para ligar orações e ideias, podendo indicar causa, contraste, exemplo, adição, conclusão etc. Exemplo: *The book is good,* **but** *the film that was based on the book is not that good. But* é uma conjunção que indica contraste de ideia. Cf. marcador discursivo.

CONTEXTO • Oração ou parágrafo, em torno de determinada palavra ou expressão, que contribui para esclarecer o significado desta.

ESTRUTURA SINTÁTICA • Disposição/estruturação dos elementos que compõem a oração (sujeito, verbo, objeto e/ou complemento, entre outros.)

EXPRESSÃO IDIOMÁTICA (IDIOMS) • Grupo de palavras em ordem fixa com significado específico, diferente do significado das palavras isoladamente. Exemplo: *to be all ears*, "ouvir atentamente".

FORMA DERIVADA • Palavra nova formada do acréscimo de afixos a uma raiz. Cf. afixos; raiz.

FRASE • Unidade mínima de comunicação, podendo ser formada de uma ou mais palavras.

FUNÇÃO • Papel que determinado elemento gramatical desempenha na construção da qual ele é parte. No grupo nominal *a continental breakfast*, por exemplo, a palavra *continental* exerce a função de adjetivo (ou modificador). Cf. grupo nominal.

GÊNERO TEXTUAL • Tipo de texto que tem forma e conteúdo característicos e possui função comunicativa específica reconhecida pela comunidade. Exemplo: uma carta, um comercial etc.

GRUPO NOMINAL • Grupo de palavras formado de um núcleo (substantivo) e um ou mais modificadores (que podem ser adjetivos ou substantivos). Exemplo: *She's* **a tall beautiful girl** (grupo nominal: *a tall beautiful girl*; núcleo: *girl;* modificadores: *tall* e *beautiful*.) Cf. núcleo; modificador.

INFERÊNCIA CONTEXTUAL • Estratégia de leitura que consiste em deduzir pelo contexto o significado de uma palavra/expressão/ideia/mensagem não indicada explicitamente. Processo também conhecido como "ler nas entrelinhas". Cf. contexto.

INFORMAÇÃO NÃO-VERBAL • Toda informação fornecida ao leitor por meio de figuras, gráficos, tabelas, mapas etc., sem uso de vocábulo (ou com uso apenas parcial) de vocábulos.

LAYOUT • A disposição dos elementos visuais de um texto (título, ilustração, corpo do texto etc.).

LOCUÇÃO ADVERBIAL • Grupo de palavras que têm a mesma função de um advérbio. Exemplo: **This past year**, *researchers discovered a new drug.*

MARCADOR DISCURSIVO • Palavra ou frase que tem a função de indicar a relação entre ideias e eventos em duas orações, períodos ou parágrafos. Ex. *Traveling by air is faster.* **On the other hand**, *it can be quite expensive.*

MODIFICADOR • Palavra que acompanha o substantivo especificando-o. Os modificadores podem ser adjetivos e até outros substantivos. Exemplo: *Brazil is the* **biggest** *country in* **Latin America**. (*biggest* e *Latin America* são modificadores e estão se referindo ao substantivo *country*).

NÍVEL DE FORMALIDADE • Variante da língua que caracteriza seu uso em situações formais ou informais.

NÚCLEO • Palavra principal de um grupo de palavras (grupo nominal) numa oração. Exemplo: *She is my next-door neighbour* (grupo nominal: *my next-door neighbour*; núcleo: neighbour) Cf. grupo nominal.

OBJETO • Complemento verbal; pessoa ou coisa que sofre a ação do verbo. Exemplo: *I like* **football**.

ORAÇÃO • Frase de conteúdo comunicativo que contém verbo.

PALAVRA-CHAVE • Palavra ou expressão em torno da qual o tema do texto se desenvolve. Esses termos tendem a se repetir e contribuem significativamente para a compreensão do texto.

PERÍODO • Enunciação formada de uma ou mais orações.

PREPOSIÇÃO • Palavra que indica posição (sobre = *on/over*, dentro de = *in*), movimento (para = *to*, até = *until*), *posse* (de = *of*), companhia (com = *with*), entre outros aspectos. Exemplo: *Maria went* **to** *school* **with** *her brother.*

PRONOME • Palavra que se refere a pessoas (eu = *I*, você = *you*, ela = *she*, mim = *me*), substitui partes da oração (o, a) e é usada em perguntas e em orações subordinadas (que, qual, onde). Exemplos: **What** *day is today?*. *Let* **him** where **he** *is*. (Os pronomes são usados para substituir substantivos. O substantivo a que o pronome se refere é chamado *antecedente*.)

RAIZ • Núcleo significativo de uma palavra que dá origem a outras palavras. Exemplo: em unhappiness, a raiz é happy.

RESENHA • Análise crítica de um livro ou artigo.

RESUMO (*ABSTRACT*) • Apresentação sintetizada do conteúdo de um texto, com a finalidade de transmitir uma ideia geral dele.

SCANNING • Técnica de leitura que consiste em correr rapidamente os olhos pelo texto até localizar a informação desejada.

SENTENÇA • Ver **oração**.

SIGNIFICADO • Aquilo que a palavra expressa em determinado contexto. O mesmo que sentido, conceito, noção.

SKIMMING • Técnica que consiste numa leitura rápida e ininterrupta de um texto, com o objetivo de obter uma ideia geral do assunto tratado.

SUBSTANTIVO • Palavra que se refere a uma pessoa, coisa, lugar etc. Exemplo: *May I use your* **pencil**? O substantivo também pode se referir a um evento (*party; robbery*) ou a um conceito abstrato (*intelligence; kindness*).

SUJEITO • Termo da oração sobre o qual se afirma ou se nega algo e com o qual o verbo concorda. Exemplo: **Peter** *hasn't phoned yet*.

VERBETE • Conjunto de informações (classe gramatical, definição, exemplos etc.) sobre determinada palavra contida num dicionário, glossário ou enciclopédia alfabética.

VERBO • Palavra que descreve uma ação ou um estado e que indica uma pessoa gramatical, um tempo e um modo. Exemplo: *I* **worked** *hard today so I* **am** *tired*.

S SUGESTÃO DE RESPOSTAS

UNIDADE 1 – GÊNEROS TEXTUAIS

FAMILIARIZAÇÃO

❶

a Receita culinária
b E-mail
c Tirinha humorística em jornal ou revista
d Verbete de dicionário
e Resumo que precede um artigo em revista científica
f Charge
g Sinopse

❷ Todas as respostas estão corretas.

❸

b Notícias, informação pessoal.
c Uma pequena estória humorística.
d Significado/grafia/pronúncia da palavra; informação sobre o emprego da mesma em contexto.
e Informação sobre o conteúdo do artigo: objetivos da pesquisa, metodologia empregada e resultados obtidos.
f desenho humorístico que focaliza, por meio de caricatura, um acontecimento/fato/situação atual.
g relato sucinto de um filme, bem como sua ficha técnica, isto é, dados sobre o gênero do filme, duração, data de lançamento, diretor(es), produtor(es), elenco, idade mínima recomendada, etc.

UNIDADE 2 – OBJETIVOS DA LEITURA E NÍVEIS DE COMPREENSÃO

FAMILIARIZAÇÃO

❶

Texto A: divulgação/resenha de livro
Texto B: resumo de artigo científico (*abstract*)

Texto C: email
Texto D: anúncio / classificado

❷

Objetivo: texto B
Ilustrador(a): texto A
Descrição: texto D
Localização: texto D
No. de telefone: texto D
Notícias / novidades: Texto C
Resultados: texto B
Perguntas: texto C

PRÁTICA

❶

(**c**) Leitura motivada principalmente pelo prazer que ela traz ao leitor.
(**a**) Leitura utilitária, em que buscamos informações necessárias à nossa sobrevivência.
(**b**) Leitura destinada a expandir nosso conhecimento de mundo.

❷

a texto C
b texto B
c texto D
d texto C
e texto A
f texto B
g --------
h --------

NOTA AO LEITOR:
Os itens **g** (dicionário) e **h** (editorial) acima foram acrescentados apenas para que o leitor verifique que existem vários objetivos de leitura. Porém, nem todos se aplicam aos textos desta unidade.

❸

Texto A:
a autor(a) do livro
b editora
c preço do livro
d faixa etária para a qual o livro se destina

Texto B:
a autores
b mentor
c área de estudos
d objeto de estudo

Texto C:
a data e horário em que o email foi enviado
b temperatura em *Farenheit*
c idade a ser completada por Justin em Junho
d idade a ser completada pelos trigêmeos em Maio.
e relaciona-se aos filhos do casal, cujos nomes provavelmente começam com a letra J.

Texto D:
a número de andares que a casa possui
b data a partir da qual o imóvel estará disponível para ser alugado.
c valor do aluguel mensal
d distância em quarteirões do imóvel até o Metrô.
e abreviação da palavra *Highway* (= estrada, rodovia)

UNIDADE 3 – COGNATOS

FAMILIARIZAÇÃO

❶

a Physical, problems, obesity, epidemic, proportions, percent, adults, population, obese, example, incidence, type, consequence, particularly, virtually, adolescents, medical, community, cases, pediatric, complications, associated, hospitalizations, apnea, asthma, percentage, million, Americans, incorporate, regular, activity, necessarily, rigorous, exercise, routine, sufficient, flexibility, extra, aerobic, motivation, promotes, relaxation, facilitates, risk, coronary, colon, cancer, diabetes, important, genetic, factors, deterioration, traditionally, associated, public, system, social, services, total, treatment, chronic, actively, participating, athletic, television.

b Resposta pessoal.
Algumas palavras bastante conhecidas são:
Fitness, more, many, today, young, heart, life, number, training, running, biking, video games.

c
1 It is sufficient to choose activities that fit into your daily routine that <u>speed</u> your heart rate and breathing, or <u>increase</u> your strength and flexibility. (acelerem – aumentem)
2 <u>Besides</u> building strength and aerobic fitness, regular exercise <u>relieves</u> stress, provides motivation, promotes relaxation, and facilitates sleep. (Além de – alivia/reduz)

3 The growing number of older Americans places <u>increasing</u> demands on the public health system and on medical and social services. (crescentes)

CONSOLIDAÇÃO

❶ O texto fala sobre o aumento de casos de diabetes em crianças, adolescentes e adultos nos Estados Unidos devido à obesidade e excesso de peso.

❷

a Nos últimos dez anos, (**2**)
b Em 1999, (**9**)
c De 1990 a 2000, (**7**)
d Há 10 anos atrás, (**4**)
e Atualmente, (**5**)
f Desde 1980, (**1**)

❸

a caminhar para o trabalho, cuidar do jardim, subir escadas, cortar grama.
b desenvolver a força física e a resistência aeróbica, reduzir o stress, promover motivação, relaxar, facilitar o sono.
c morte por doença coronariana, câncer do cólon, diabetes e pressão alta.
d brincar, participar de atividades que promovam o condicionamento físico durante o período escolar, correr, andar de bicicleta, pular corda e dançar.

UNIDADE 4 – CONHECIMENTO PRÉVIO

FAMILIARIZAÇÃO

❶ O texto fala sobre o que é a reciclagem, sua importância e os benefícios/as vantagens que ela pode trazer para a nossa vida.

❷ Resposta pessoal.

❸

a Reciclagem se refere à coleta de materiais usados que são considerados como “resíduos”, os quais são, em seguida, selecionados e processados para serem reutilizados como “matéria prima” na produção de novos produtos.
b Plástico, vidro, papel, baterias, alumínio, etc.

❹

a resíduos
b matéria-prima

c essenciais
d produtos
e consciência

❺

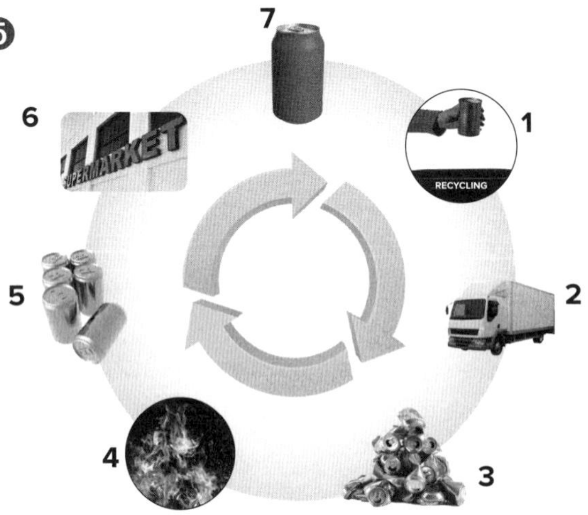

❻

Recycling saves energy (**e**)
Recycling saves environmental conditions and reduces pollution (**d**)
Recycling saves natural resources (**c**)
Economic benefits (**b**)
Recycling saves space for waste disposal (**a**)

❼ Resposta pessoal.

CONSOLIDAÇÃO

❶

importance
essential
materials
elements
paper
aluminum
causes
protect
pollution
preserve

relation
process
production
plastic
batteries
benefits
energy
biodegradable
emission
decompose

UNIDADE 5 – *SKIMMING*

FAMILIARIZAÇÃO

❶

a O texto apresenta fatos e sintomas relacionados à abstinência da cafeína.
b O texto discorre sobre a prática de *bullying*, aqueles que a praticam (*bullies*), suas vítimas, as formas mais comuns (onde e como esta prática pode ocorrer).

❷

No texto A: pessoas que sofrem com a abstinência da cafeína; médicos e pessoas que se interessam pelo assunto.
No texto B: pais, professores, adultos responsáveis por crianças e adolescentes, crianças e adolescentes em geral, crianças e adolescentes que passam ou passaram por problemas relacionados à prática do *bullying*.

CONSOLIDAÇÃO

❶

Texto A:
a (V) **b** (F) **c** (V) **d** (F) **e** (F)

Texto B:
a (F) **b** (F) **c** (V) **d** (F) **e** (V)

UNIDADE 6 – *SCANNING*

NOTA AO LEITOR:
Em 1968, a Associação Americana de filmes (MPAA) e a Associação Nacional dos proprietários de Salas de Cinemas (NATO) uniram-se para elaborar um sistema de classificação e censura de filmes. Atualmente, há cinco classificações: G (adequado para todas as idades), PG (sugere o acompanhamento dos pais ou responsável), PG-13 (inadequado para menores de 13 anos), R (restrito: menores de 17 anos têm que estar acompanhados pelos pais ou responsável), NC-17 (proibido para menores de 17 anos).

(Texto original em inglês disponível em< www.encyclopedia.com/.../1G2-3437704767.html/>. Acesso em 22 de novembro 2008.)

Budapeste é a capital e a maior cidade da Hungria. Localiza-se nas margens do Rio Danúbio. Fundada em 17 de novembro de 1873, é resultado da fusão das cidades de Buda, na margem direita do Danúbio, e Peste, na margem esquerda.

(Texto original em inglês disponível em: <en.wikipedia.org/wiki/Budapest/>. Acesso em 22 de novembro 2008.)

FAMILIARIZAÇÃO

1

( ) bula de remédios
(**B**) anúncio de pacote turístico
( ) seção de classificados
( ) tirinha humorística
(**A**) sinopses de filmes

2

a *The Dark Knight*
b *Mamma Mia!*
c 13 anos
d *The Women; Mama Mia!*
e *Mamma Mia!*
d *The Women*
e Ação e aventura
f *The Women*

3

a Duração da excursão.
b Preço (da excursão) cobrado para crianças.
c Endereço eletrônico que pode ser acessado para se obter mais informações sobre a excursão.
d Um dos períodos do ano em que a excursão é oferecida, os dias da semana e o horário de saída.

4

a Paris.
b Ir a um restaurante em *Buda* (como é chamada a parte montanhosa da cidade) e experimentar a comida típica da Hungria; assistir a um show folclórico; fazer um passeio pelos arredores da cidade; visitar o ponto turístico *Gellért Hill* (*Citadel*); visitar o cassino de *Monte Carlo Budapest.*
c Janeiro.

CONSOLIDAÇÃO

NOTA AO LEITOR:
Locks of Love é uma organização não-governamental que fornece cabelo a crianças e adolescentes carentes nos Estados Unidos e Canadá, diagnosticados com qualquer tipo de doença que cause perda de cabelo a longo prazo. As próteses confeccionadas pela ONG ajudam a restaurar a auto-estima e confiança dos doentes, possibilitando que enfrentem o mundo e seus semelhantes.

(Disponível em: <http://www.locksoflove.org/> Acesso em 24 agosto 2009.)

❶ O texto traz o relato de uma garota que decidiu doar seus cabelos após ter assistido um vídeo disponibilizado no *site* da revista "*Seventeen*". O fato de seu amigo ter leucemia também parece ter sido fundamental em sua decisão.

❷

( ) relato de pesquisa
( ) seção "Carta ao Leitor"
(**X**) seção "Carta ao Editor"
( ) entrevista

❸ O texto está escrito na primeira pessoa do singular e faz referência ao vídeo disponibilizado no site da revista *Seventeen* (***your*** *video*). A carta da leitora é na verdade um agradecimento ao editor da revista e sua equipe, pois o vídeo "a inspirou a ser uma pessoa melhor".

UNIDADE 7 – INFORMAÇÃO NÃO-VERBAL

NOTA AO LEITOR:
Geração *baby boomer*, **geração *baby-boom*** ou **geração pós-guerra** é um termo utilizado para descrever as pessoas nascidas após a Segunda Guerra Mundial, entre 1946 e 1964. Isto porque nesses anos, nos Estados Unidos e na Europa democrática, assistiu-se a um salto inusitado nas taxas de natalidade.
Os *baby boomers* foram a primeira geração que cresceu em frente à TV. Eles puderam compartilhar eventos culturais e marcos com todas as pessoas no seu grupo de idade, independentemente de onde elas estavam.
Outro elemento cultural que distinguiu os *boomers* foi o *rock and roll*. Artistas como Elvis Presley, Little Richard, Buddy Holly e, posteriormente, Bob Dylan, Beatles, Rolling Stones e The Who tomaram conta das ondas sonoras e deram aos *boomers* a identidade de uma geração.

(Disponível em: < http://wiki.educartis.com/wiki/index.php?title=Gera%C3%A7%C3%A3o_baby_boomers>. Acesso em 02 agosto 2009.>)

FAMILIARIZAÇÃO

❶ O texto é um relato de uma pesquisa de opinião, realizada com participantes entre 45-63 anos, sobre o uso da *Internet* para assistir programas televisivos *online* e o quanto esta nova forma de entretenimento está ameaçando o hábito tradicional de assistir TV.

❷ Resposta pessoal.

❸

a (2) **b** (2) **c** (1) **d** (3) **e** (2) **f** (2) **g** (3)

PRÁTICA

❶ Algumas sugestões:

O aluguel de vídeos e filmes vem em terceiro lugar dentre os serviços que se deseja cancelar. Somente 5% manifestaram desejo de cancelar os serviços da *Internet*.

Apenas 3% dos entrevistados disseram não se importar com o número de propagandas *on line*.

CONSOLIDAÇÃO

❶ Resposta pessoal. [Sabe-se que o uso da Internet tem superado o de qualquer outro meio de comunicação, haja visto o leque de opções disponíveis para o usuário, como por exemplo: compra e venda de produtos, relacionamento pessoal e profissional, fonte de informação e de conhecimento, etc.]

❷

a Pessoas entre 45 e 63 anos.
b 12.9 horas por semana.
c 62%.
d TV a cabo.
e O crescimento de vídeos pela *Internet*.
f YouTube.com.

UNIDADE 8 – INFERÊNCIA CONTEXTUAL

FAMILIARIZAÇÃO

❶ Resposta pessoal

❷ O texto explica o significado da pirâmide – um recurso gráfico para ajudar as pessoas a entender melhor sobre alimentação saudável.

❸

a 1.Grãos; 2.vegetais; 3.frutas; 4.óleos (gorduras); 5.leite e derivados e 6.carne, feijão, peixe e castanhas
b Óleos (gorduras)
c Alimentos de todos os grupos

d Departamento de Agricultura dos Estados Unidos
e Crianças

❹

a gorduras saturadas, gorduras trans
b arco-íris - faixas/listras
c laticínios
d faixas – mais finas
e mais largas – mais estreitas

PRÁTICA

❶

a Em uma biblioteca, os livros são organizados/catalogados/separados de acordo com o assunto, título e autor.
b Uma longa exposição a ruídos pode prejudicar a audição.
c A poluição química pode ser muito prejudicial porque pode afetar a terra, o mar e o ar.
d É impossível cortar com esta faca porque ela está totalmente cega.

❷ Dona Flor e seus dois maridos; O beijo da mulher aranha.

❸ weight = peso

❹ tock = xícara

❺ Mazda = marca de automóvel – "Eu acabei de comprar um (carro) Mazda..."

❻

a I removed the book from the shelf and began to read.
b Rachel is very hard-working. On the other hand, her sister is very lazy.
c Everyone knows that if you step on an egg, it will break.

❼ A DISAL é como o vinho – fica melhor à medida que o tempo passa.

❽ Informação não-verbal, conhecimento do assunto, contexto semântico, contexto linguístico.

CONSOLIDAÇÃO:

❶ A pirâmide é um recurso visual para comunicar de modo fácil e claro como levar uma vida saudável.

❷ Mostrar a importância do exercício físico.

❸ Resposta pessoal

❹ (**X**) aplicação prática

UNIDADE 9 – PALAVRAS-CHAVE

FAMILIARIZAÇÃO

NOTA AO LEITOR
A tecnologia Wi-Fi (*Wireless Fidelity*) é uma tecnologia WLAN (Rede Local sem fios). Permite, numa área limitada, conexões de alta velocidade entre dispositivos móveis de dados como, por exemplo, computadores portáteis. Estes dispositivos estabelecem conexão com um ponto Wi-Fi, onde se autenticam para obterem acesso ao canal de comunicações que a rede Wi-Fi disponibiliza.

(Disponível em:< www.www.razonypalabra.org.mx/.../furoli.html/> Acesso em: 07 de maio 2009.)

❶ O texto descreve um novo sistema eletrônico que está sendo desenvolvido com o objetivo de reduzir os acidentes de carros.

❷ Resposta pessoal.

❸ **a** I **b** VI **c** II **d** V **e** I **f** IV **g** II **h** III

❹

a Ao número de pessoas que morrem em acidentes de carros por dia nos Estados Unidos.
Ao custo anual para o país com os acidentes de carros.

b Ao número de testes com o novo sistema que foi realizado com dois carros.
Ao tempo que levou para avisar os motoristas do perigo iminente.
À diferença de tempo do novo sistema em relação a outros sistemas semelhantes.

c Ao ano em que a nova tecnologia estará disponível aos consumidores.

d À porcentagem equivalente a redução de mortes por acidentes de carros.

PRÁTICA

Diagrama: *car, car accident, signal, driver, street, traffic, Wi-Fi chips, network, technology, safe*, etc.

CONSOLIDAÇÃO

❶ As figuras ilustram o tráfego de veículos e o funcionamento do sistema eletrônico no trânsito.

❷ **a** surge **b** rastreia **c** transmite

UNIDADE 10 – GRUPOS NOMINAIS

NOTA AO LEITOR:
The Food Standards Agency/FSA, Agência Britânica de Regulamentação da Segurança de Alimentos, é um órgão governamental, responsável pela saúde pública em relação aos alimentos consumidos no Reino Unido.

(Versão original em inglês disponível em: <en.wikipedia.org/wiki/Food_Standards_Agency>. Acesso em 24 agosto 2009.)

Quality Low Input Food foi um projeto integrado da Comissão Europeia, com verba de 18 milhões de Euros e com a participação de 30 instituições. O projeto vigorou no período de 2004 a 2009 e teve como objetivos melhorar a qualidade, garantir a segurança e reduzir os custos da produção de alimentos orgânicos através de pesquisa, disseminação e treinamento.

(Disponível em: www.dr-organico.com.br/noticias/?organicos-sao-mais-nutritivos&id=3. Acesso em 29 agosto 2011.)

The Compassion in World Farming/CIWF, Compaixão nas Fazendas Mundiais, é uma entidade inglesa que luta pelo bem-estar de animais de produção. Cria campanhas, protestos e alerta a sociedade sobre casos de crueldade contra os animais. A ARCA é consultora sobre a situação dos animais de fazenda no Brasil; dá apoio a ações e desenvolve projetos em conjunto com a CIWF.

(Disponível em: <www.arcabrasil.org.br/apoio/index.htm> Acesso em 24 agosto 2009.)

Fertilizantes podem ser orgânicos (por exemplo, esterco de curral), ou inorgânicos (sintéticos ou **artificiais**), na forma de compostos simples, principalmente de **nitrogênio**, fosfato e potássio, os quais têm sido usados em escala crescente desde 1945.

(Texto traduzido. Versão original em inglês disponível em: <http://encyclopedia.farlex.com/Artificial+fertilizer>. Acesso em: 24 agosto 2009.)

FAMILIARIZAÇÃO

❶ O texto faz uma crítica sobre o relato de uma agência de regulamentação de alimentos a respeito dos efeitos, na saúde das pessoas, de produtos químicos usados nas lavouras.

2 Resposta pessoal

3 (**§2**) (**§4**) (**§1**) (**§5**) (**§3**)

4

a Defeitos de nascença, infertilidade masculina e distúrbios do sistema nervoso.
b Os produtos orgânicos possuem níveis mais altos de flavonóides e beta caroteno.
c Porque os produtos orgânicos são benéficos à saúde e ao meio ambiente.
d Preservação da fauna, menor perda de nutrientes do solo, menos lixo agrotóxico.

PRÁTICA

1

FMI: Fundo Monetário Internacional
EU: União Europeia
ONU: Organização das Nações Unidas

2

a the average industrially-produced ***apple*** (*a maçã comum produzida em escala industrial*)
b the long-term ***effects*** of farming ***chemicals*** on human *health* (*os efeitos a longo prazo dos produtos químicos usados na agricultura para a saúde dos seres humanos*)
c the nutritional ***content*** of organic ***food*** (*o conteúdo nutricional dos alimentos orgânicos*)
d non-organic ***food*** (*alimentos não-orgânicos*)
e higher ***levels*** of beneficial ***nutrients*** (*níveis mais elevados de nutrientes benéficos*)
f regular ***buyers*** of organic ***food*** (*os compradores habituais de alimentos orgânicos*)
g The environmental ***advantages*** (*as vantagens para o meio-ambiente*)
h Artificial nitrogen ***fertilizer*** (*fertilizante artificial à base de nitrogênio*)* (ver "Nota ao leitor.")
i severe ***impacts*** on wildlife (*impactos graves sobre a fauna e a flora*)

3 Our future will be dominated by climate change. Here organic farming is leading the way, by using solar powered fertility through crops like red clover that fix nitrogen into the soil for subsequent crops. For our own health and the health of the planet, organic food and farming will play a big part in a sustainable food and farming future.

CONSOLIDAÇÃO

1 organic/non organic foods, chemicals, beneficial, benefit, farming chemicals, human health, organic farming.

2

a abordar
b superam
c escoamento
d terão um papel importante

UNIDADE 11 – REFERÊNCIA PRONOMINAL

FAMILIARIZAÇÃO

❶ O texto foi extraído do site da Web da rede de notícias de TV a cabo, CNN (Cable News Network).

❷ A polícia de Londres está investigando a morte de um jovem paralítico em uma clínica na Suíça onde o suicídio assistido é legal.

❸ O texto é precedido por uma lista das ideias principais do assunto tratado. Além disso, o texto contem vários trechos entre aspas.

❹ Indicar que os trechos delimitados por esse sinal gráfico não pertencem ao autor, pois são a transcrição exata de informações transmitidas por outras pessoas - discurso direto.

❺ A associação de imprensa do Reino Unido (PA) e os pais de Daniel James, o site da WEB do Instituto Médico Legal de Worcestershire e a polícia de West Mercia.

❻

a Daniel James – 23 anos
b Suíça
c Mais de 100 pessoas
d Suíça, Holanda, Bélgica e Luxemburgo.

❼

a (3)
b (5)
c (1)
d (4)
e (2)

❽

NOTA AO LEITOR:

Eutanásia × Suicídio Assistido

Eutanásia é o ato de levar uma pessoa (ou animal) à morte de forma indolor, ou permitir que uma pessoa (ou animal) morra em conseqüência da interrupção de tratamento médico em casos de doenças incuráveis (e comumente dolorosas). A palavra eutanásia tem como origem duas palavras gregas que significam "boa morte".

Suicídio assistido refere-se ao ato de um indivíduo causar sua própria morte com a ajuda de uma outra pessoa.

> Na eutanásia, é o médico ou outra pessoa o agente que causa a morte. Por exemplo, se um médico injeta o paciente com uma dose letal de analgésicos, ele está praticando a eutanásia. Por outro lado, se o médico deixa a seringa pronta e o paciente aplica a injeção em si mesmo, então o ato é chamado de suicídio assistido.
>
> (Adaptado de:<http://www.healthline.com/galecontent/euthanasia?utm_medium=ask&utm_source=smart&utm_campaign=article&utm_term=Euthanasia&ask_return=Euthanasia> Acesso em: 23/08/2009.)

❾ Resposta pessoal

PRÁTICA

❶

a seu (do Instituto Médico Legal de Worcestershire);
b ele, James
c sua (dele, de James)
d onde (clínica)
e suas(da polícia) investigações
f ele (suicídio assistido)
g este (suicídio)
h those - aqueles (as pessoas); him – ele (Daniel James)

❷

a Quem
b Por que
c Quando
d Como
e O que
f Quantos
g Qual

CONSOLIDAÇÃO

❶ Resposta pessoal

❷ c

❸ *Oyster*

❹ Associar a ideia de que, assim como a ostra abriga em seu interior uma pérola, o Rolex contém um mecanismo admirável, construído com tanto esmero e cuidado que tem a beleza de uma joia.

❺

a Muito forte
b Delicado
c Brilha como joia
d Nunca está apenas no seu exterior

❻ *oyster, pearl, beauty, movement, glittering exterior, skin-deep*

❼ Recomenda que, toda vez que admirar o exterior brilhante de um Oyster, ele se lembre de que, num Rolex, a beleza nunca está apenas na superfície.

UNIDADE 12 – MARCADORES DISCURSIVOS

NOTA AO LEITOR:
Checkmate (geralmente abreviado para "*mate*") é o mesmo que *Xeque-mate* em português. Esta expressão é usada no jogo de xadrez para designar o lance que põe fim à partida.

(Disponível em: <http://pt.wikipedia.org/wiki/Xeque-mate>. Acesso em: 15 agosto 09.)

No texto da unidade "*Exploding the myth of Cultural Stereotypes*", o autor utiliza a expressão ***Czech mates*** – uma alusão à "*Checkmate*" – para introduzir a parte final, que traz as revelações obtidas através do estudo realizado, o qual objetiva pôr fim ao mito dos estereótipos culturais. Os checoslovacos (*The Czechs*), por exemplo, não são pessoas hostis/inimigas (*antagonistic*) – como eles próprios se avaliaram no estudo – mas sim altruístas/solidários, ou seja, bons "*camaradas*" (mates).

Davis é uma cidade localizada no Estado americano de Califórnia, no Condado de Yolo. Fundada em 1868, Davis abriga um campus da **Universidade da Califórnia**. A Universidade possui um total de 10 *campi* e emprega mais vencedores do Prêmio Nobel do que qualquer outra instituição de ensino superior no mundo.

(Disponível em: <http://pt.wikipedia.org/wiki/Davis_(Calif%C3%B3rnia) >. Acesso em: 15 agosto 09.)

FAMILIARIZAÇÃO

❶ Resposta pessoal.

❷ O texto descreve um estudo realizado sobre estereótipos culturais, o qual envolveu mais de 40.000 adultos de 49 culturas diferentes. O objetivo do estudo foi demonstrar que os estereótipos são um mito que deve ser combatido, pois contribuem para promover a discriminação racial.

3

a (V)
b (F) O estudo põe fim à crença de que os estereótipos culturais refletem diferenças genéticas entre os grupos raciais. (*"...the study pulls the plug on claims that perceived differences in national character reflect genetic differences between ethnic groups."*)
c (V)
d (F) Na maioria dos casos, os participantes do estudo (provenientes de culturas diversas) fizeram uma auto-análise bastante severa/dura. (*"In many cases, cultures had overly harsh views of themselves."*)
e (V)
f (V)

4 Resposta pessoal.

PRÁTICA

1

a adição **b** contraste **c** exemplificação **d** contraste **e** contraste **f** ênfase

CONSOLIDAÇÃO

1

a estudo
b o tipo de estereótipo descrito na sentença anterior, que rotula todos os norte-americanos de insistentes (que "forçam a barra"), e os ingleses de reservados/distantes.
c participantes (2x)
d personalidades
e participantes
f as próprias culturas (isto é, os próprios representantes das diferentes culturas incluídas no estudo)

2

a pushy (N) - insistentes
b reserved (N) - reservados/distantes
c neurotic (N) - neuróticos
d extroverted (P) - extrovertidos
e open (P) - abertos
f agreeable (P) - agradáveis
g conscientious (P) - conscienciosos/responsáveis
h harsh (N) - (visões) severas/duras
i closed-off (N) - fechados

j introverted (N) - introspectivos/tímidos
k disagreeable (N) - desagradáveis
l antagonistic (N) - antagonistas/hostis
m modesty (P) - modéstia
n altruism (P) - altruísmo/solidariedade

Antônimos:
a extroverted – introverted
b open – closed-off
c agreeable – disagreeable

Sinônimos:
a extroverted – open
b introverted – closed-off – reserved

UNIDADE 13 – AFIXOS

NOTA AO LEITOR:
A **têmpera** é um método de pintura no qual os pigmentos de terra são misturados a um "colante", uma emulsão de água e gemas de ovo ou ovos inteiros (às vezes cola ou leite). A têmpera foi muito utilizada na arte italiana nos séculos XIV e XV, tanto em afrescos como em painéis de madeira preparados com gesso, que foram posteriormente substituídos pela pintura a óleo. As cores de têmpera são brilhantes e translúcidas.

(Disponível em: <http://pt.wikipedia.org/wiki/T%C3%AAmpera_(pintura)> . Acesso em: 22 agosto 2009.)

A palavra **afresco** (português brasileiro) ou **fresco** (português europeu) é o nome dado a uma obra pictórica feita sobre parede, com base de gesso ou argamassa. É muitas vezes empregada para designar a pintura mural em geral. Trata-se de uma pintura com pigmentos à base de água, feita sobre argamassa ainda fresca de cal queimada e areia.

(Disponível em:< http://pt.wikipedia.org/wiki/Afresco>. Acesso em: 22 agosto 2009.)

FAMILIARIZAÇÃO

❶ Resposta pessoal.

❷ O texto relata a descoberta e aquisição do 1º trabalho de Michelangelo, um tesouro que permaneceu desconhecido por mais de um século.

❸

a o Museu de Arte de Kimbell em Fort Worth, no Texas
b não divulgada
c “O Tormento de Santo Antônio”
d século 15
e frescos
f o fato de ter sido comprada por uma família de Londres, por volta de 1900
g 2 milhões
h raio-X e infra-vermelho
i “A Tentação de Santo Antônio”
j Já havia outra pintura com o mesmo título, porém representando uma cena diferente. Tal pintura serviu de inspiração para Michelangelo.

PRÁTICA

❶

	1	2	3	4	5	6	7	8	9	10	11	12	13	14	15	16	17	18	19	20
A	U	N	F	O	R	G	E	T	T	A	B	L	E	U	I	O	J	K	G	I
B	D	R	M	A	R	C	O	A	U	T	H	O	R	F	Y	J	V	A	U	N
C	F	A	N	A	T	U	L	L	Y	N	N	O	U	G	U	I	H	G	J	T
D	S	U	P	E	R	M	A	R	K	E	T	Z	N	A	G	H	O	E	L	E
E	D	H	J	D	S	H	F	J	F	H	T	T	H	E	E	T	H	L	L	R
F	G	S	G	T	J	I	U	N	A	T	T	R	A	C	T	I	V	E	F	N
G	H	D	I	M	M	O	R	A	L	T	H	P	P	H	R	N	F	A	A	A
H	F	G	N	G	Y	U	A	R	F	E	U	O	P	J	F	F	D	D	V	T
I	I	N	V	E	S	T	M	E	N	T	J	W	I	K	D	O	S	E	E	I
J	H	L	I	K	F	P	O	D	M	R	K	E	N	X	S	R	H	R	S	O
K	D	P	S	Y	C	H	O	L	O	G	Y	R	E	S	E	M	J	T	D	N
L	V	D	I	S	H	O	N	E	S	T	T	F	S	F	D	A	L	R	G	A
M	H	R	B	X	C	E	S	A	R	X	R	U	S	H	V	T	J	E	Y	L
N	A	F	I	R	Y	H	G	G	K	H	C	L	E	E	R	I	T	J	H	A
O	C	I	E	N	C	I	A	S	Y	E	O	T	R	Y	L	O	N	D	R	E
P	A	D	G	O	V	E	R	N	M	E	N	T	O	N	B	N	Y	R	U	O

❷

PREFIXO	RAIZ	SUFIXO
un	attract	ive
super	market	---
---	psyche(o)	logy
un	happy(i)	ness
---	govern	ment
---	inform	ation
co	author	---
im	moral	---
---	lead	er
dis	honest	---
inter	nation	al
---	invest	ment
un	forget	able
in	vis(ion)	ible
---	power	ful

❸

(N) ***dis***close - revelar (não encobrir)
(AS) great***est*** - maiores
(AC) strong***er*** - mais forte
(M) private***ly***- secretamente
(S) deal***er*** - negociante
(M) careful***ly*** - cuidadosamente
(S) biograph***er***s - biógrafos
(S) paint***ing*** - pintura
(T) previous***ly*** - anteriormente
(S) engrav***ing*** - pintura; estampa

(N) ***un***finished - inacabados
(R) ***re***discoveries - "re-descobertas"(descobertas novamente)
(S) authenti***city*** - autenticidade/legitimidade
(I) large***ly*** - "largamente" (quase totalmente/praticamente)
(S) conservat***ion*** - conservação
(S) similarit***ies*** - semelhanças
(AS) earli***est*** - mais antigo/primeiro
(S) confirm***ation*** - confirmação
(S) tempt***ation*** - tentação
(AC) rar***er*** - mais raro

CONSOLIDAÇÃO

❶

Oposição - but
Causa/consequência - because

Adição - as well as; not only .. but also; and
Sequência cronológica - then

❷

a exibir
b desprezado
c como
d emprestar

UNIDADE 14 – SUFIXOS "-ING" E "-ED"

FAMILIARIZAÇÃO

NOTA AO LEITOR
United Arab Emirates (Emirados Árabes Unidos): Os **Emirados Árabes Unidos** constituem uma federação de sete emirados localizados no Golfo Pérsico; situam-se no sudoeste da Ásia e têm fronteiras com Omã e a Arábia Saudita. Sua economia, baseada no petróleo, é fortíssima. Com isso, os E.A.U. são um dos países mais ricos do mundo. Atualmente, o turismo também é uma atividade forte na região. O país é famoso por suas numerosas ilhas artificiais, todas feitas com a areia do deserto, aterrando o oceano. Os Emirados integram o mundo árabe, com cultura e religião islâmicas. Graças à prosperidade da indústria petrolífera, o país modernizou-se bastante, embora ainda subsistam formas tradicionais de vida e organizações tribais patriarcais. Estas organizações impõem regras rígidas às mulheres, as quais não podem dirigir, viajar sozinhas, assistir aulas na presença de homens ou aparecer em público sem estarem cobertas dos pés a cabeça.

❶ O texto trata dos desafios e preconceitos que a mulher ocidental enfrenta ao viajar para países do Oriente Médio, onde a mulher está subjugada às leis rígidas da religião e cultura islâmicas.

❷ Resposta pessoal

❸ Resposta pessoal (ver Nota ao Leitor, acima)

❹

a Tamara: designer de calçados libanesa; Rebecca: estudante britânica de línguas, e Jessica: arquiteta britânica.
b Bahrain.
c "Não" e "vá embora".

❺ Porque tais termos podem ser úteis na comunicação, no caso de uma tentativa de aproximação masculina mais ousada.

❻ Que o Oriente Médio é exatamente o oposto de St-Tropez, local liberal bastante frequentado pelas europeias.

NOTA AO LEITOR:
Saint-Tropez é um balneário que fica ao sudeste da França, na Riviera Francesa. É frequentado por milionários e famosos. O topless é uma prática natural. Algumas praias particulares são naturistas, o que significa que o uso de roupa é totalmente dispensável.

❼ A autora quer chamar a atenção do leitor, em particular das mulheres, para algumas dicas que possibilitarão uma viagem segura e sem transtornos pelo Oriente Médio.

❽ Resposta pessoal.

❾

a Tentar manter-se discreta.
b Ignorar qualquer tipo de assédio.
c Assumir uma atitude submissa.

PRÁTICA

a (adjetivo) A maioria dos europeus não prestaria atenção a uma aliança de casamento.
b (particípio) O que é considerado comum/padrão na sociedade ocidental pode ser interpretado de forma bem diferente no Golfo.
c (adjetivo) Mas as mulheres solteiras podem ainda produzir/suscitar uma atenção indesejada.
d (substantivo) Às vezes, é mais um mal-entendido cultural do que qualquer outra coisa.
e (particípio) ... você só ficará mais envolvido/"enredado" em uma discussão.
f (infinitivo) Em muitas culturas, cobrir os olhos pode ser considerado grosseiro/indelicado.
g (gerúndio) Leia os códigos de conduta do país que você está visitando.
h (particípio; infinitivo; adjetivo) Se você for casada ou não, ostentar uma aliança de casamento pode conter avanços masculinos.

CONSOLIDAÇÃO

❶

a Gulf travel presents a separate set of challenges for women.
A viagem ao Golfo Pérsico; uma série distinta de desafios para as mulheres.

b Apart from some supermodern enclaves like Dubai, most of the Middle East is governed by a strict Islamic code that dictates modesty for women.
alguns encraves ultramodernos (isto é, área de um país situada no interior de outro); um código Islâmico rígido.

c Some countries, like Bahrain, have specific visa requirements for single women.
exigências de visto específicas para mulheres solteiras

d To ensure that women travelers have a safe and rewarding trip, experts advise following a few basic guidelines.
viajantes do sexo feminino; uma viagem segura e gratificante; algumas orientações básicas.

❷

a substantivo: viajantes; adjetivo: incomuns/raras
b adjetivo: respeitosos; adjetivo: indesejável
c adjetivo: vulneráveis; substantivo: a embriaguez; adjetivo: ilegal
d advérbio: diretamente; adjetivo: uma tentativa de flerte (não há um adjetivo equivalente em português); substantivo: o assédio

UNIDADE 15 – GRAU DE ADJETIVOS E ADVÉRBIOS

FAMILIARIZAÇÃO

❶ Resposta Pessoal

❷ O texto descreve o funcionamento do cérebro humano ressaltando sua incrível capacidade de controle de tudo o que fazemos.

❸ Sim, difere. Cada parágrafo é precedido por uma oração em negrito que expressa a ideia principal do parágrafo. É um recurso que desperta o interesse do leitor para continuar a leitura e facilita a compreensão do mesmo.

❹

1º Parágrafo: 1 libra=0,45grs., 3 libras=1,35k
2º Parágrafo: olhos, ouvidos e outros órgãos sensoriais
3º Parágrafo: 100 bilhões
4º Parágrafo: mais de 200 milhas ou 322km por hora
6º Parágrafo: corrida, basquete, futebol

❺

a um centro de controle fantástico
b computador, pimbolim, telefone
c quando aprendemos

❻

a (4)
b (1)

c (3)
d (5)
e (2)

PRÁTICA

a smarter, faster, more receptive – forma comparativa:
b largest, longest – superlativo
c largest, wettest – superlativo
d richest, most diverse – superlativo
e less satisfactory – comparativo de inferioridade

CONSOLIDAÇÃO

❶ a mim, o leitor

❷ um contato direto e pessoal

❸

a She: gatinha — You: leitor/a — Her: dela, da gatinha
It: cérebro — She: gatinha

b It: aliança — who: designer de calçados
Them: óculos
Him: marido dela

❹

your brain's awesome [ability]

sensory [organs]

tiny chemical and electrical [signals]

tiny neuron [highways]

Countless [messages]

a supercharged pinball [machine]

UNIDADE 16 – FORMAS VERBAIS I

NOTA AO LEITOR:

A **Associated Press** é uma agência de notícias norte-americana que diz ser a mais antiga e a maior agência do mundo. A Associated Press é uma cooperativa cujos proprietários são os jornais e estações de rádio e televisão norte-americanas que contribuem para a Associated Press. Atualmente, as notícias da Associated Press são usadas em 1.700 jornais, e mais de 5.000 estações de rádio e televisão. A Associated Press possui os direitos autoriais de mais de 10 milhões de imagens.

(Disponível em: <http://pt.wikipedia.org/wiki/Associated_Press>. Acesso em: 19 agosto 2009.)

Sobre a Ipsos

A Ipsos é referência mundial em pesquisa de mercado e interpretação de dados que geram conhecimento estratégico para clientes e sociedade. Criada em 1975 na França, e presente no Brasil desde 1997, a Ipsos consolidou-se como uma das maiores empresas de pesquisa do mundo, estruturando-se por meio de áreas especializadas, que contam com profissionais altamente qualificados em estudos de tendências e mercado.

(Disponível em: <http://www.ipsos.com.br/imagens/release/MaxiMidia%202008cor_AP.pdf>. Acesso em: 19/08/09.)

FAMILIARIZAÇÃO

❶ O texto descreve uma série de vantagens do hábito de leitura. Na introdução, o autor cita os dados de uma pesquisa realizada em parceria pela *Associated Press* e a *Ipsos*, a qual revelou que 25% dos adultos não leem livros. O intuito do autor parece ser estimular o leitor a ler mais, e reverter esse quadro.

❷

a (06)
b (08)
c (01)
d (14)
e (12)
f (09)
g (03)
h (04)
i (07)
j (02)
k (10)

l (13)
m (11)
n (05)

❸ Resposta pessoal.

❹ Resposta pessoal.

PRÁTICA

❶

a By reading, you think more and become smarter. (1)
b Books provide information that goes deeper than just classroom discussion. (2)
c You get the same benefit from book reading. (3)
d ... reading books takes brain power. It requires you to focus on what you are reading for long periods. (5)
c This expertise translates into higher self-esteem. (6)
d Many studies show if you don't use your memory, you lose it. (7)
e Have you ever run out of stuff to talk about with your best friend, wife or husband? (8)
f I've learned facts about biology from reading about chemistry. (9)
g How many times have you heard of a book changing someone's life? (10)
h As you become more specialized and learned, you join a smaller group of more qualified people. (13)

CONSOLIDAÇÃO

❶

a *Actually* - ênfase
b *before* - tempo
c *While* - tempo
d *Unlike* - contraste
e *Since* – causa/consequência
f *although* - contraste
g *However* - contraste
h *So* – causa/consequência

❷ As expressões abaixo sinalizam o estilo informal adotado pelo autor:

na introdução:
- **Yes**, (...) 25% of the adults **out there** are reading **zero** books.
- This is sad.
- Ridiculous!

- How many are they reading in all? One? Five?
- you "don't need no stinking books"
- before you are left behind!

no item 9: o uso de "*stuff*" (= things) e "Heck" (interjeição utilizada para exprimir irritação ou surpresa), além da expressão "I've picked up" (= eu aprendi).

no item 14: a inclusão do símbolo ☺, para exprimir satisfação.

UNIDADE 17 – FORMAS VERBAIS II

FAMILIARIZAÇÃO

❶ O texto aborda o tema "direção e bebida alcoólica" e descreve as punições aplicadas. Além disso, narra a experiência de uma cidadã inglesa, condenada por dirigir embriagada.

❷

a uma condenação pode arruinar a vida de um motorista
b Claire, 27 anos, uma coordenadora de atendimento a idosos e doentes
c bateu em um carro estacionado e foi reprovada no teste do bafômetro
d multa de £300 e suspensão da habilitação por 16 meses.
e toda a experiência ruim (a vergonha, ficha criminal e custos) poderia ter sido evitada se ela tivesse pagado £20 por um taxi.

❸ (b) (c) (a)

❹

(A/D) anti-drink drive campaign
(P) a conviction can ruin a driver's life
(P) people's silence and the looks on their faces
(A/D) to get behind the wheel under the influence of alcohol
(P) to spend the night in a police cell
(A/D) to hit a parked car
(A/D) to fail a breath test
(P) to sign up for a £145 course
(A/D) drink-drivers
(P) the stigma and the shame
(P) a £300 fine
(P) costs
(P) court case
(P) points
(P) a 16-month driving ban
(P) criminal record

PRÁTICA

a voz ativa
b voz ativa
c voz passiva

d voz passiva; voz ativa
e voz ativa
f voz passiva

CONSOLIDAÇÃO

❶

(S; I) Another Christmas, another **warning** about **getting** behind the wheel while under the influence of alcohol.
(A) The criminal record and **driving** ban are automatic...
(S) That was the worst **feeling** ever.
(I) She began **drinking** a bottle of wine at home...
(A) ... she hit a **parked** car...
(PP) ... and how you could have **killed** someone.

❷

a her relationship - Claire
b her mother - Claire
c She - a mãe de Claire
d Me - Claire
e That - frieza e indiferença da mãe

❸ Resposta pessoal

UNIDADE 18 – FORMAS VERBAIS III

FAMILIARIZAÇÃO

❶ Resposta pessoal

❷ Resposta pessoal

❸ O texto trata da importância dos exames de DNA para confirmar a condenação ou inocentar os presos que aguardam a execução da pena de morte.

❹

a 12 anos
b estupro e asssassinato
c testes de DNA
d um teste simples que pode provar se uma amostra biológica veio ou não de um suspeito
e Derek Barnebei
f sangue, sêmen, fragmentos de pele

❺
b (X)
c (X)

❻
a (X) combinar com a amostra
b (X) soltar
c (X) banco das testemunhas

❼
a ... um **detento** do Texas **foi solto** em 17 de janeiro.
b ... a investigação para condenar o **culpado** e libertar o inocente.
c Testes de DNA ajudaram a soltar 10 pessoas do **corredor da morte** desde 1993, ...
d ... poderia **apontar** a pessoa errada.

❽ Inmate (X) convict (X) cop ( ) perpetrator (X) suspect (X)

PRÁTICA

a Can – habilidade/capacidade
b Could – habilidade/capacidade.
c May – probabilidade
d Can – habilidade/capacidade
e May – probabilidade
f Could – poderia (futuro condicional)

CONSOLIDAÇÃO

❶
a *After* – Tempo
b *Before* – Tempo; *and* - Adição
c *However* – Oposição/contraste
d *For example* – Exemplificação; *after* – Tempo
e *But* – Oposição/contraste
f *Also* – Adição
g *Although* – Oposição/contraste

❷ –

❸ Uma comparação de preços do sanduíche Big Mac (comercializado pela rede americana McDonald's) nos países que possuem moedas mais/menos valorizadas em relação ao dólar.

❹

a China, Malásia, Filipinas e África do Sul. **b** acima de 50%. **c** Grã-Bretanha, Dinamarca e Suíça.

❺

a The cheapest Big Mac: superlativo = o Big Mac mais barato
b ...all cost **less than** $1.20: comparativo = todos custam menos que $ 1.20
c ...**the most undervalued** currencies: superlativo = as moedas mais desvalorizadas
d ...by **more than** 50%: comparativo = de mais de 50%
e The most expensive Big Macs... superlativo= os Big Macs mais caros
f ...**the most overvalued** currencies: superlativo = as moedas mais valorizadas
g ...**less than** two years ago: comparativo = há menos de dois anos atrás

UNIDADE 19 – APOSTOS

FAMILIARIZAÇÃO

❶ Resposta pessoal

❷ O texto apresenta uma descrição das moedas em circulação atualmente nos Estados Unidos, incluindo alguns dados sobre a origem do dólar.

❸

a seis
b um centavo; cinco centavos; vinte e cinco centavos
c cobre; prata
d as moedas de meio dólar e de um dólar.
e Algumas pessoas acham que o cifrão tem origem na forma abreviada da palavra "*peso*" – "*ps*", moeda utilizada na época.

❹ **fun or profit**: diversão ou lucro; **toss a coin**: atirar uma moeda (=lançá-la para o alto); **tricks**: truques; **currency**: moeda corrente

❺

a 1º parágrafo **b** 2º e 3º parágrafos **c** 4º e 5º parágrafos

PRÁTICA

All other forms of U.S. currency, both coins and paper money, are valued in relation to the dollar.
Although the origin of the dollar sign ($) is not definitively known, some say it may have developed from the way people wrote ps, an abbreviation of the word peso.
Even now, more than 200 years later, some Americans still refer to a U.S. quarter as "two bits."

CONSOLIDAÇÃO

❶

a Presente simples
b Passado simples

❷

A primeira linha do parágrafo contém as seguintes pistas indicativas de tempo passado: dates back; earliest days;
U.S. history; in the 17th century

❸

are rarely used: voz passiva; is: voz ativa
exists: voz ativa; is: voz ativa
are valued: voz passiva
is: voz ativa; is: voz ativa

UNIDADE 20 – USO DO DICIONÁRIO

FAMILIARIZAÇÃO

❶ A influência das novas tecnologias modificando a maneira como pensamos, agimos e nos comunicamos no dia a dia, fazendo com que nosso cérebro evolua a uma velocidade antes inimaginável.

❷ Resposta pessoal.

❸ A capacidade que o cérebro possui de responder a novos estímulos é surpreendente. O contato diário com as novas tecnologias e o uso das mesmas estimula uma grande evolução em nosso cérebro. A tela de computador reforça a imagem desta evolução.

❹

1 (d) *downloading files* – baixando arquivos
2 (c) *entering little written notes* – fazendo pequenas anotações
3 (b) *organizing your PowerPoint presentation* – organizando a sua apresentação em PowerPoint
4 (e) *using a computer for Web searches* – usando um computador para fazer buscas na Rede
5 (f) *waiting for a cab* – aguardando um táxi
6 (a) *changing the way we live and communicate* – mudando a maneira como vivemos e nos comunicamos
7 (g) *altering our brains* – alterando nossos cérebros

PRÁTICA

❶ truck – Americano lorry – Britânico

❷

a Best wishes / Happy birthday – por ocasião do aniversário
b Congratulations – por conseguir um novo emprego

❸ Oh, meu Deus!

❹ *perfect*[1] (adj.) - **1** perfeito; **2 ~ for sb/sth** ideal para alguém/algo **3** completo (para enfatizar um substantivo); *perfect*[2] (*verbo*) – aperfeiçoar; *perfection* (*substantivo*) – perfeição; *perfectionist* (*substantivo*) – perfeccionista; *perfectly* (*advérbio*) – **1** perfeitamente **2** completamente (para indicar ênfase).

❺ bought

❻

mouse (singular) – mice (plural – irregular)
agency (singular) – agencies (plural)

❼

minute – a) substantivo: **1.** minuto; **2.** minuto, momento; **3.** instante; **4.** nota (oficial).
b) adjetivo: **1.** minúsculo; **2.** minucioso
minutes – ata (de uma reunião)

❽

a tecla
b chave (objeto usado para abrir ou fechar algo)
c chave (chave para alguma coisa – ex.: a chave para o sucesso)
d tocar
e jogar
f peça (teatral)

❾

a packed – (verbo no particípio) lotado
meeting – (substantivo) reunião
b relish – (verbo) aprecia
schedule – (substantivo) programa, programação
planner – (substantivo) agenda

c turn – (substantivo) vez
reach for – (verbo) estender a mão para (alcançar um táxi)
pushes – (verbo) passa na sua frente te empurrando
knocking ...over – (verbo) (te) derrubando
d frantically – (advérbio) desesperadamente
gather up – (verbo) recolhe
remnants – (substantivo) restos
glides away – (verbo) desliza (vai embora suavemente)
e smart – (adjetivo) inteligentes
release – (substantivo) lançamento
strengthening – (verbo) fortalecendo
pathways – (substantivo) trilhas, trajetórias, caminhos

CONSOLIDAÇÃO:

❶

a both ... and ... – adição
b not only ... but also ... – adição
c such as ... – exemplificação
d because of – causa e consequência
e while – tempo; when – tempo

❷ You**'re** on a plane packed with other businesspeople, **reading** your electronic version of the Wall Street Journal on your laptop while **downloading** files to your BlackBerry and **organizing** your PowerPoint presentation for your first meeting when you **reach** New York. You **relish** the perfect symmetry of your schedule, do-do lists and phone book **as** you **notice** a woman in the next row **entering** little written notes into her leather-bound daily planner. You **remember** having one of those ... What? Like a zillion years ago? Hey, lady! Wake up and smell the computer age. You're outside the airport now, **waiting** impatiently for a cab along with dozens of other people. It's finally your turn, and **as** you **reach** for the taxi door a large man pushes in front of you, practically **knocking** you **over**. Your briefcase **goes** flying, and your laptop and BlackBerry **splatter** into pieces on the pavement. **As** you frantically **gather up** the remnants of your once perfectly scheduled life, the woman with the daily planner book gracefully **steps into** a cab and **glides** away.

Formas Verbais utilizadas: Presente Simples para tornar a narrativa mais dramática e/ou real. Presente Contínuo para relatar ações/situações que estão acontecendo num instante específico e também para tornar a narrativa mais dramática e/ou real.

❸ Apostos:
a – its ability to change in response to stimuli from the environment –
b – sharpening certain cognitive skills –
c – computers, smart phones, video games, search engines such as Google and Yahoo –

UNIDADE 21 – O GÊNERO ACADÊMICO

FAMILIARIZAÇÃO

❶ O texto relata o avanço da língua inglesa no sistema educacional da China, tanto por razões internas (a reforma da economia do país em 1978) quanto pelo próprio crescimento do status da língua em nível mundial – fato que permite ao povo chinês um acesso ao Ocidente e, ao mesmo tempo, mais possibilidades de negócios no país.

❷

a uma forma, um meio linguístico internacional de comunicação multinacional e multicultural (com a globalização, o termo '**inter**nacional' vai aos poucos sendo substituído por '**multi**nacional').

b 1ª) conhecer o Ocidente; 2ª) possibilitar ao mundo conhecer a China em sua totalidade.

c demonstrar/ter competência comunicativa na língua inglesa (isto é, não apenas saber a língua, mas principalmente saber usá-la na interação com falantes de língua inglesa e de outras línguas).

d a inclusão da língua nos exames de admissão a Universidades/Faculdades.

e 1) número escasso de professores qualificados (com experiência no exterior, conhecimento da cultura inglesa / norte-americana, etc.); 2) metodologia retrógrada, ainda centrada na gramática e vocabulário, ao invés de focalizar as habilidades de compreensão e produção escrita e oral.

❸

a Ano do início da reforma na economia chinesa.
b Porcentagem de tempo gasto com o estudo da língua inglesa extra-classe, por graduandos cuja área de concentração não é a língua inglesa.
c Número médio de alunos por sala, devido ao aumento de matrículas no ensino superior.
d Ano da reforma dos programas de curso e do projeto de desenvolvimento curricular, lançados pelo Ministério da Educação.
e 1,800 – número de palavras e expressões que alunos deveriam dominar (saber) antes da reforma.
4,000 – número de palavras e expressões que alunos devem dominar (saber), após a reforma de 1999.

❹ Resposta pessoal. [Nossa resposta: São relevantes, na medida em que contribuem para contextualizar o ensino de língua inglesa em âmbito global. O conhecimento de outras realidades/contextos é sempre enriquecedor, uma vez que nos permite: **a)** comparar/contrastar nossa realidade com outras e, desta forma, perceber aspectos semelhantes e diferentes entre culturas diversas, bem como **b)** fazer uma reflexão sobre nossa própria prática (sobre o ensino e/ou a aprendizagem da língua inglesa) e suas características positivas e negativas.]

PRÁTICA

❶

a abstract + divisão do texto (Introdução, Desenvolvimento 'Modern ELT in China', Conclusão)
b jargão específico da área de linguística aplicada (ver expressões destacadas no texto reproduzido abaixo).
c a linguagem empregada é formal, fato que pode ser facilmente observado nas escolhas abaixo:

Ex¹: *o uso de marcadores discursivos mais formais* » Thus (So); In view of the situation (Because of that); Rather (Instead); As a matter of fact (In fact);

Ex²: *o uso de vocabulário mais formal* » a great deal of attention (a lot of attention); remarkable (incredible/surprising); "...as the spread of English progresses, English is bound to reflect a diversity of disparate cultures..." (progresses – continues, moves on; is bound to – will probably; a diversity of disparate cultures – a variety of different cultures).

❷ Sim, o abstract sintetiza as principais ideias abordadas no artigo com clareza.

ENGLISH AS A GLOBAL LANGUAGE IN CHINA

→ **Abstract**

English is now said to be an international language or known as a global language. It is an obvious fact that English is definitely important as a window for the Chinese to see the world. English is the key for us to access the Western modern scientific and technological advances. In this article, I will try to examine some issues with particular reference to the situation of English language teaching (ELT) in China and its relationship with the outside world.

→ **Introduction**

In the past few decades since World War II, the emerging global economy has made it possible for English to play an important role as the world standard language. In view of the situation, millions of students are learning English as the most important foreign language for international communication all over the world. People of the world unanimously consider English as the most useful language for cross-boundary communication. Thus, from an ordinary Chinese point of view, English is not the language for us to speak with Americans, the British or any other native speakers. Rather, it is the common language for us to communicate with Japanese, Koreans, Thais, Singaporeans and other Asians and people from developing countries. The global spread of English over the last 40 years is remarkable in the history the English language. It has become an international language means for multinational and multicultural communication.

As the spread of English progresses, English is bound to reflect a diversity of disparate cultures. Since no language is used to its fullest extent by its native speakers, there is always much room left for our non-native speakers to exploit it in the unique form of English usage, phonetically, lexically, syntactically, semantically and pragmatically. As a matter of fact, English has been used by our Chinese as a tool to know the West and at the same time, let the World know China at its greatest extents.

→ Modern ELT in China

A great deal of attention has been paid to English teaching and learning since the beginning of the reform of Chinese economy in 1978. With more and more Western companies and joint-ventures rushing into China, many college students would like to pursue their further education in the West to acquire advanced knowledge in science and technology. Chinese students are no longer ignorant of international English tests such as TOEFL (Test of English as a Foreign Language) and IELTS (International English Language Testing System) and so on. Some foreigners will even be amazed to see the heat-wave of English learning in China. Just take a domestic employer, especially those in the field of foreign trade businesses for example. They consider communicative competence in English to be a decisive factor in hiring a potential employee. Therefore, an applicant must demonstrate his oral English capability besides their various English qualification certificates. This emerging challenge to the traditional methodology of ELT is unprecedented in that the teacher is no longer seen as the sole provider of knowledge and the students are no more encouraged to assimilate their teacher's instruction dutifully or to work their way ploddingly through the lines of their textbook.

The initial progress in ELT took place when English became part of the College Entrance Examinations. The Ministry of Education issued guidelines for textbook makers, requesting that English textbooks should include materials on the Western culture, listening and speaking practice as well. However, there are some disadvantages of ELT education in China. The first is a lack of qualified foreign language teachers, most of whom have no experience of living in Western countries. In fact, effective English teachers should have abundant cross-cultural awareness – it is often the case that quite a number of English teachers in China have a very limited knowledge of English while students have high expectation from their teachers. As a result, teacher development programs have become the "bottle-neck" issue[1] in our current ELT. Worse is the backward methodology: teachers, as well as students, typically adopt the Grammar-Translation method to teach and learn English, which focuses on English grammar and vocabulary, on linguistic phenomena rather than on reading the content itself. It is no surprise to see Chinese students with satisfactory marks on their English examinations who can't communicate well in English with foreign peers. There is a popular saying about this extravagant scene in learning English as "dumb and deaf" English.

According to a survey, most college students in China whose majors[2] are not English spend more than 70 percent of their study time on English after class. Meanwhile, they have to attend four-hour English courses every week in class. What's more is that the English teacher, unfortunately, has to face normally 50 or more students in the classroom because of the expansion of enrolling college students in recent years. Therefore, it is almost impossible for an English teacher to take good care of each student in class. Some English classes have no access to an audio-video language laboratory, neither do they have access to the Internet. This rigid pattern of old fashioned textbook-based, teacher-dominated and test-oriented teaching is out of date with the rapid growth of international communication in China. Educators have realized the importance of shifting the pattern of ELT from the traditional linguistic acquirement to communicative competence and the module of teaching English language from single skill development to integrated skills training. That can be seen from the reform of syllabuses and curriculum development project issued by the Ministry of Education in 1999. The new syllabus emphasis is on a student-centered approach instead of a teacher-centered one. Meanwhile, the vocabulary capacity required for students has been enlarged from the original 1,800 common used English words and phrases to 4,000. Another outstanding feature of the ELT reform in China's higher institutions is that English study will be continuous throughout the duration of four years in college. ESP (English for Special Purpose) courses are also added to the final year of students' study of English in college. The goal of these courses is to ensure that the non-English major students who have different specialized background can make good use of English after their graduation in their future working career. Besides, the Ministry of Education requires that all of the specialized subjects (preferably taught from foreign textbooks) be conducted in English in the near future. There will be a national English standardized test which will be divided into several levels to evaluate the outcome of reforming in Chinese ELT from primary level to the tertiary level, which means English will become a real tool for communication in China's educational institutions. The construction of a streamlined[3] ELT system from Chinese primary schools (third grade) to the tertiary level is underway.

→ Conclusion

At this stage, China needs and will continue to want English badly. In order to function efficiently in its economy with the global market, China needs to bring large numbers of people to a higher level of proficiency in English for a wide variety of functions. Success of English language teaching and learning depends largely on understanding English as a tool for communication. Thus, if a student is encouraged to speak with confidence, it is the foreign language teacher's duty to help students overcome the fear of speaking and learn the fact that Chinese English learners can use English effectively without feeling guilty of their strong accent. Modern communication such as TV and the Internet makes us more exposed to an English-medium environment than we used to be. It will be no surprise at all for a Chinese person to survive in English.

(By Ji Shaobin, Wenzhou College of Profession and Technology)
Source: The weekly column, Article 99, May 2002 (adapted)

CONSOLIDAÇÃO

1

a "In the past few decades since World War II, the emerging global economy has made it possible for English to play an important role as the world standard language."
- nas últimas décadas
- a economia global emergente (em ascensão)
- um papel importante
- a língua-padrão mundial

b "This rigid pattern (N[1]) of old fashioned textbook-based, teacher-dominated and test-oriented teaching (N[2]) is out of date with the rapid growth (N[1]) of international communication (N[2]) in China."
- Este padrão rígido de ensino tradicional/ultrapassado, baseado no livro didático, centrado no professor e com avaliação por meio de testes (e não uma avaliação continuada, que analisa o processo de aprendizagem)
- o rápido crescimento da comunicação internacional na China

c "The new syllabus emphasis is on a student-centered approach instead of a teacher-centered one."
- A ênfase no novo programa
- uma abordagem centrada no aluno
- uma abordagem centrada no professor

2

a entre países
b mudar
c a caminho
d muito

BIBLIOGRAFIA

ABSY, Conceição A., *Variation in Approaches to EFL: a Performance-Based Analysis of the Learning Strategies Used by Brazilians Students.* Tese de Doutorado, Georgetown University: Washington D.C., 1992

CHAMOT, A. U.; BARNHADT, S.; EL-DINARY, P.B. & ROBBINS, J., *The Learning Strategies Handbook.* Longman, 1999.

FANTINI, Márcia de Castro, *O impacto de Modelos Interiorizados do Processo de Leitura na Compreensão de Textos em Inglês Como Língua Estrangeira.* Tese de Doutorado, PUC-SP, 1997.

FIORI-SOUZA, Adriana G., *Uma Investigação Sobre a Relação Entre os Modelos Mentais e as Estratégias de Leitura de Alunas-professoras do Curso de Letras.* Dissertação de Mestrado, PUC-SP, 1999.

GRIGOLETO, Mariza, Ensino de Leitura em Língua Estrangeira: o que mais pode ser feito? *Contexturas – Ensino Crítico de Língua Inglesa*, v. 1, Apliesp, 1992, p. 41-46,.

HUTCHINSON, T. & WATERS, A., *English for Specific Purposes: a Learning-centred Approach.* CUP, 1994.

KLEIMAN, Angela, *Leitura: Ensino e Pesquisa.* Pontes, 1996 (2. ed.).

_______, *Oficina de Leitura: Teoria e Prática.* Pontes, 1992.

LEFFA, Vilson J. Perspectivas no Estudo da Leitura. Texto, Leitor e Interação Social. In: LEFFA, Vilson J.; PEREIRA, Aracy, E. (Orgs.) *O Ensino de Leitura e Produção Textual: alternativas de renovação.* Pelotas: EDUCAT, 1999, p. 13-37.

OXFORD, R. & COHEN, A., Language Learning Strategies: Crucial Issues of Concept and Definition. *Applied Language Learning*, v. 3, n. 1 & 2, 1992, p. 1-35.

RAMOS, Rosinda de Castro Guerra, Combinações de Estratégias e Seu Efeito na Leitura de Textos Acadêmicos. Em: Paschoal, M.S.Z. & Celani, M.A.A (orgs.), *Linguística Aplicada: da Aplicação da Linguística à Linguística Transdisciplinar*. Educ, 1992, p. 153-63.

SCARAMUCCI, Marilda V.R. *A Competência Lexical de Alunos Universitários Aprendendo a Ler em Inglês Como Língua Estrangeira*. Delta, v.13, n. 2, 1997, 215-246.

SCOTT, M. 1986. Conscientização. *Working Paper*, 8, PUC-SP, 1986.

AS AUTORAS

ADRIANA GRADE FIORI SOUZA, docente do Departamento de Letras Estrangeiras Modernas da Universidade Estadual de Londrina/PR. Atua na graduação em Letras Estrangeiras Modernas e na pós graduação em Língua Inglesa. Desenvolve projetos nas áreas de ensino e aprendizagem de língua inglesa. Mestre em Linguística Aplicada pela Pontifícia Universidade Católica de São Paulo.

CONCEIÇÃO A. ABSY, docente aposentada do Departamento de Letras Estrangeiras Modernas da Universidade Estadual de Londrina/PR. Mestre em Linguística Aplicada pela Pontifícia Universidade Católica de São Paulo. Doutora em Linguística Aplicada pela Universidade de Georgetown, Washinghton, DC. Atuou como professora de língua inglesa em cursos de graduação e de leitura em cursos de especialização (nível de pós-graduação). Participou em projetos de extensão à comunidade e de ensino nos quais, entre outras atividades, trabalhou na elaboração de material didático para o ensino de leitura em língua inglesa.

GISELE CILLI DA COSTA, docente do Departamento de Letras Estrangeiras Modernas da Universidade Estadual de Londrina/PR (UEL). Atua no curso de Secretariado Executivo ministrando aulas de língua inglesa bem como de leitura em língua inglesa para alunos de graduação e pós-graduação da instituição. Desenvolve projetos nas áreas de terminologia bilíngue, abordagem lexical e tradução. Especialista em língua inglesa pela UEL.

LEONILDE FAVORETO DE MELLO, docente do Departamento de Letras Estrangeiras Modernas da Universidade Estadual de Londrina/PR (UEL). Atua no curso de Secretariado Executivo ministrando aulas de língua inglesa bem como de leitura em língua inglesa para alunos de graduação e pós-graduação da instituição. Desenvolve projetos nas áreas de terminologia bilíngue e abordagem lexical. Mestre em Letras pela UEL.

Este livro foi composto nas fontes ITC Stone Serif
e Frutiger e impresso em agosto de 2024
pela Paym Gráfica e Editora.